苏/州/职/教/口/袋/丛/书

职教家校合作育人 问

○ 苏州市职教学会 编著

苏州大学出版社
Soochow University Press

图书在版编目(CIP)数据

职教家校合作育人100问 /陶华山,张轶群,戎成主编;苏州市职教学会编著.—苏州:苏州大学出版社,2017.8

(苏州职教口袋丛书)

ISBN 978-7-5672-2150-5

Ⅰ.①职… Ⅱ.①陶… ②张… ③戎… ④苏… Ⅲ.①职业教育-学校教育-合作-家庭教育-问题解答 Ⅳ.①G719.2-44②G459-44

中国版本图书馆CIP数据核字(2017)第160279号

书　　名:	职教家校合作育人100问
主　　编:	陶华山　张轶群　戎　成
编　　著:	苏州市职教学会
责任编辑:	刘一霖
出版发行:	苏州大学出版社(Soochow University Press)
社　　址:	苏州市十梓街1号　邮编:215006
印　　刷:	苏州市深广印刷有限公司
网　　址:	www.sudapress.com
邮购热线:	0512-67480030
销售热线:	0512-65225020
开　　本:	889 mm×1 194 mm　1/48　印张:3　字数:70千
版　　次:	2017年8月第1版
印　　次:	2017年8月第1次印刷
书　　号:	ISBN 978-7-5672-2150-5
定　　价:	28.00元

凡购本社图书发现印装错误,请与本社联系调换。

服务热线: 0512-65225020

编委会名单

主　编： 陶华山　张轶群　戎　成
副主编： 吕中起　潘莉萍　朱德兴
　　　　　刘江华　周　蔚
编　委： 陈　晖　严海风　景晓丽
　　　　　刘　琴　陆家浩　徐　洁
　　　　　王云峰

序

2014年6月召开的全国职教工作会议上,习近平总书记指出,职业教育要培育和践行社会主义核心价值观,创新各层次、各类型职业教育模式,努力让每个人都有人生出彩的机会。习总书记的话,强调了职业教育育人的多方位。2014年12月,教育部印发了《中等职业学校德育大纲》,特别强调全员、全程、全方位育人理念,强化形成德育工作合力。结合习总书记做出的"重视家庭建设,注重家庭,注重家教,注重家风"重要论述精神以及《教育部关于加强家庭教育工作的指导意见》等文件,职业学校必须加强对家庭教育工作合力的重视,加快形成家庭教育、社会支持网络。

当前,苏州市职业教育的发展已经站在了一个新的起点。在现代职教视野下,职业教育的发展离不开社会的关爱和家长的积极主动参与。苏州职业教育的学生培养目标是培养"德高技强"的高素质技术技能型人才。在这样的人才培养目标指导下,苏州教育局2015年教育改革与发展战略性、政策性课题之一"现代职教视野下苏州市职业教育全员育人的策略研究"立项并开题研究,其中研究成果之一为《职教家校合作育人100问》读本。该读本旨在系统总结苏州职业教育的各方面综合因素,提炼职业学校家庭教育的先进经验、成果,提高家庭育人的实效性和针对性,进一步提升家校合作育人的教育效果。

"十三五"时期是苏州积极探索现代职业教育新理念、新征程、新实效的重要阶段。苏州职业教育应摒弃"重技能,轻德育"的人才培养模式,重视职业院校学生社会公德和职业道德方面的培养,尤其是在全员育人方面,加大与社会企业、家庭教育的资源整合力度;搭建职业教育人才成长"立交桥",全面培养学生综合素养和技能水平,建设职业教育人才高地,从而进一步推动苏州职业教育发展率先迈上新台阶。作为"三位一体"中重要的环节因素之一的家长,对职业学校合力育人机制和德育工作机制的促进,共同形成教育合力势必起到举足轻重的作用。家长队伍的支持将成为促进苏州职业教育发展和前进的强动力!

高国华

前　言

历时两年,作为《职校班主任工作 100 问》姊妹篇,《职教家校合作育人 100 问》经过苏州教育局高职处、苏州德育工作委员会层层把关、条条筛选,在江苏省职教学会德工委副秘书长李国珑等专家的悉心指导下,通过"现代职教视野下苏州市职业教育全员育人的策略研究"课题组全体成员的实践探索,终于结集出版了。

和《职校班主任工作 100 问》一样,本书凝结了苏州职业院校德育工作者的深入思考和不断探索。本书共分五章,分别是走进苏州职教、理解家庭教育、认识你的孩子、培养你的孩子和家庭育人案例,内容丰富翔实、深入浅出,站在家长的立场和角度,全面解读苏州市职业教育现状、家庭教育认知和职校学生教育问题,是一本以职校学生发展成才为前提,为家长预防和解决问题的实用性阅读学习手册。

现代职教强调适应人的全面发展要求。职业教育的终极目标必须是学生的终身发展,帮助学生树立正确的世界观、人生观及价值观,满足学生可持续发展的需求,做"教学生五年要着眼于学生五十年"的教育。全员育人模式,强调学校、家庭、社会三位一体、有机融合,三位一体并重,多维联动育人。对于人才培养教育来说,要遵循技术技能人才成长规律,搭建全员育人的多元立交平台,家长的作用举足轻重。

本书为家长详细介绍了新时期苏州职教发展的新形势、新需求,解读了家校合作育人的理论基础,剖析了职校学生的心理特点和个性特征,汇总了家校合作的新途径,分析了职校学生学习生活、专业技能、实习等方面的需求和问题;针对家长在教育孩子方面可能会出现的信息盲点和棘手问题,逐层剖析,深入探究,提出切实可行的解决问题的方法和策略,促使多元立交人才培养的合作和共谋。本书最后一章更是分享了家校合作育人的优秀范例,促使教师和家长共同思考、共同作用、共同育人!本书立足实际、操作性强,实际指导意义重大。

本书是苏州市职教德育工作在科研中上下求索的又一崭新成果。我们期待以本书为2017年苏州市职业教育的新起点,开创全员育人、家校合作、社会参与三方共谋的职业教育新局面,促进全市职业教育工作再上新台阶,推动苏州市职业教育德育工作的健康和谐发展。

目 录

第一章　走进苏州职教

1. 苏州职业教育的发展现状如何？　　1
2. 苏州职业学校开设哪些专业？　　2
3. 苏州职业学校教师水平如何？　　3
4. 苏州职业学校教师了解行业企业吗？　　4
5. 苏州职业学校人才培养质量如何？　　5
6. 苏州职业学校毕业生能读大学吗？　　6
7. 苏州职业学校在各种大赛中的成绩如何？　　7
8. 苏州职业教育教学设施设备现代化吗？　　8
9. 苏州职业学校与行业企业的关系如何？　　9
10. 苏州职业学校得到政府重视和支持吗？　　10

第二章　理解家庭教育

11. 苏州职业学校学生的家长的身份情况有哪些？　　11

12. 苏州职业学校学生的家庭教育有哪些
    特点？ 11
13. 苏州职业学校学生的家长对学生的教育
    态度如何？ 12
14. 苏州职业学校学生的家长对学生的期望
    如何？ 13
15. 苏州职业学校学生的家长在家校合作中
    应如何定位？ 13
16. 苏州职业学校学生的家长在家校合作中
    应扮演什么角色？ 14
17. 什么类型的家庭在家校合作育人中教育
    效果最佳？ 15
18. 良好的家庭教育对苏州职业学校学生的
    影响主要有哪些？ 15
19. 为什么家庭教育是任何教育都取代不
    了的？ 16
20. 现在的孩子为什么不理解父母？ 17
21. 孩子早恋了，家长该如何应对？ 18
22. 如何引导孩子正确使用手机？ 18

23. 怎样让孩子喜欢家长的"唠叨"? 19
24. 如何让孩子学会选择朋友? 20
25. 怎样教孩子缓解或解除心理压力? 21
26. 如何帮助孩子度过青春叛逆期? 23
27. 如何看待与赏识自己的孩子? 24
28. 苏州职业学校家长之间如何建立有效的沟通交流平台? 25
29. 家长学校、家长讲堂、家长委员会有什么功能? 25
30. 家长如何参加家长会、家长开放日? 27
31. 特殊家庭主要指哪些家庭? 28
32. 对于特殊家庭的家长,学校可以提供哪些教育的方式? 29
33. 对于特殊家庭中的孩子,应给予他们哪些关爱和帮助? 29
34. 家长对待在集体中暂时处于后进的孩子的恰当方法有哪些? 30
35. 职业学校学生的家长应如何为孩子树立良好的榜样? 32

36. 如何引导孩子正确处理与同学的关系？ 32
37. 如何参与孩子的心理健康教育？ 33
38. 在家校合作育人中应侧重哪些方面的内容？ 34
39. 家长如何与老师共同教育管理孩子？ 35
40. 家长如何规范孩子的仪表？ 36

第三章　认识你的孩子

41. 步入青春期的孩子在生理上有什么特点？ 37
42. 步入青春期的孩子在心理上有什么特点？ 37
43. 步入青春期的孩子为何会跟父母顶嘴？ 38
44. 如何看待孩子的叛逆？ 38
45. 青春期的孩子对父母有哪些要求？ 39
46. 青春期的孩子有哪些坏的生活习惯是要引起重视并予以纠正的？ 39
47. 孩子有哪些不好的习惯会影响学习成绩？ 40
48. 青春期孩子的认知特点会导致哪些同伴交往问题？ 40
49. 影响孩子同伴交往的家庭因素有哪些？ 40

50. 孩子的哪些情绪会导致同伴交往问题？ 41
51. 交往能力欠缺为什么会导致同伴交往出现问题？ 41
52. 孩子为什么会被孤立？ 42
53. 孩子出现"为了讲义气而违纪"现象的原因是什么？ 42
54. 什么样的孩子更容易屈服于来自同辈的压力？ 42
55. 一些孩子为什么开始喜欢与异性交往？ 43
56. 在就业之前，孩子需要为择业做好哪些准备？ 43
57. 影响职业选择的因素有哪些？ 43
58. 职业选择的策略有哪些？ 44
59. 职业规划对孩子有什么作用？ 44
60. 职业生涯规划的支点是什么？ 44

第四章　培养你的孩子

61. 什么是学业指导？家校合作在学业指导中发挥的作用是什么？ 45

62. 如何安排孩子的业余时间？ 45
63. 什么是学业规划？如何与学校一起完成孩子的学业规划？ 46
64. 如何应对孩子对所学专业没有兴趣？ 47
65. 如何应对孩子学习目标不明确？ 47
66. 如何协助学校组织开展社会实践活动？ 48
67. 如何看待孩子参加学校社团活动？ 48
68. 如何参与班级管理？ 49
69. 孩子军训时应注意哪些事项？ 49
70. 如何提升孩子对所学专业的热情？ 50
71. 如何增强孩子的自主学习能力？ 50
72. 如何指导孩子的课外阅读？ 51
73. 如何看待孩子学习成绩起伏不定的现象？ 52
74. 如何提高孩子的品德修养？ 52
75. 如何指导孩子选课？ 53
76. 如何正确引导孩子形成良好的社会责任意识？ 53
77. 家长应培养孩子哪些良好的公民道德素养？ 54

78. 家长要培养孩子哪些良好的社会公德？ 54
79. 如何促进孩子的身心健康发展？ 55
80. 如何增强孩子的学习能力？ 55
81. 如何培养孩子的阅读兴趣和习惯？ 56
82. 如何培养孩子的独立自主意识和能力？ 56
83. 如何增强孩子的审美能力？ 57
84. 如何培养孩子的生活能力？ 57
85. 如何引导孩子建立良好的人际关系？ 58
86. 如何培养孩子待人接物的能力？ 58
87. 如何培养孩子与人交流沟通的能力？ 59
88. 如何培养孩子的团队精神？ 59
89. 如何培养孩子良好的心理素质和抗挫折能力？ 60
90. 如何培养孩子的创新意识与能力？ 60
91. 如何引导孩子正确看待兴趣与职业的关系？ 61
92. 如何培养孩子的职业精神？ 61
93. 如何培养孩子的职业道德？ 62
94. 如何培养孩子的"工匠精神"？ 62

95. 如何培养孩子的诚信意识？ 63
96. 什么是职业学校学生实习？学生实习包含哪些实习形式？ 63
97. 学生如何联系实习单位？学生是否可以自行安排实习单位？ 64
98. 学生在面试前应该做些什么准备？ 66
99. 学生的实习材料包括哪些？ 66
100. 学生实习期间是否需要购买保险？ 67
101. 什么是三方实习协议？ 68
102. 安排学生实习不得有哪些情形？ 69
103. 学生顶岗实习是否有薪资报酬？ 69
104. 毕业生到企业特别是中小企业就业可否在当地落户？ 70
105. 毕业生人事档案如何保管？ 71
106. 毕业生如何与用人单位订立劳动合同？ 72
107. 毕业生用人单位应该履行哪些社会保险义务？ 73
108. 毕业生自主创业，可以享受哪些优惠政策？ 73

109. 怎样申请创业担保贷款？在哪些银行可以申请创业担保贷款？ 76

110. 毕业生如何申请参加职业培训？如何申请职业培训补贴？ 76

111. 什么是"双证融通"？学生如何参加考工？ 78

112. 高技能人才有哪些优惠政策？怎样申请？ 79

113. 学生参加技能竞赛并获奖有哪些奖励政策？ 81

114. 如何帮助学生尽快适应实习和就业岗位？ 82

115. 如何看待社会实践？家长如何引导和帮助学生参与社会实践？ 83

第五章　家庭育人案例

案例一：如何帮助学生走出自卑心理？ 85

案例二：如何引导孩子走出"青春期恋情"旋涡？ 91

案例三：孩子在校期间和同学发生矛盾怎么处理？ 97

案例四：怎样引导孩子合理使用手机？　　101
案例五：如何正确引导孩子与异性交往？　　105
案例六：孩子在校发生突发事故应如何
　　　　应对？　　109
案例七：孩子在校期间和同学发生矛盾
　　　　应该怎么处理？　　113

第一章 走进苏州职教

1. 苏州职业教育的发展现状如何?

答：改革开放以来，职业教育为苏州培养了大批技术技能人才。近年来，苏州职业教育针对苏州市开发区经济的特点以及转型升级的新形势，按照"学校对接开发区，专业对接产业"的基本思路，在江苏省率先开展了职业院校的布局调整和专业结构的优化。苏州市中职学校调整为目前的33所（含技工院校7所），高职院校达17所，在校生规模扩大到20万人。通过布局调整，实现了职业院校向开发区集聚、向品牌企业靠拢，实现了职业院校的规模化和品牌化。校均规模达到了4000人，创建了国家示范（骨干）高职院2所、省级示范高职院6所、国家高水平示范职业学校6所、省高水平示范职业学校15所、省三星级职业学校8所，星级示范学校达到75%。

敏而好学，不耻下问。

2. 苏州职业学校开设哪些专业？

答：苏州职业教育基于产业链分布规划专业链设置，调整优化专业结构。目前开设的15个大类专业覆盖了苏州市的主导产业、新兴产业和重点服务业，一、二、三产类专业比重日趋合理，专业结构与产业结构基本吻合，服务产业的能力显著增强。打造了一批省、市精品专业、示范专业和特色专业，获批中职省级品牌、特色专业67个，占全省的11.2%。在省内率先建设高职优秀新专业20个、优秀新课程50门，专业服务产业的能力显著增强。学生综合素养显著提升。近年来，紧扣苏州经济转型升级，开设了智能制造、机器人、轨道交通、融合通信、珍珠鉴赏等新专业。

读万卷书,行万里路

3. 苏州职业学校教师水平如何?

答：截至 2016 年底,苏州市职业学校有教职工 5563 人,其中专任教师 5041 名,占 90.62%。近年来,苏州职业教育的师资水平不断提升,在江苏省内率先开展职业学校名师工作室建设,立项建设 80 个市级职业教育名师工作室。获批省级职业教育名师工作室 11 个,居全省第一,还拥有省职教领军人才培养对象 22 名。目前,苏州市职业教育专任教师中本科及以上学历的占 98.25%,其中研究生占 20.75%。中高级职称人数占比分别达到 45.03% 和 28.59%。专任教师中拥有双师型教师 2019 人,其中拥有技师及以上职业技能等级的有 1157 人。苏州市还建立了全市职教企业讲师库,出台兼职教师管理办法,将兼职教师经费纳入财政预算。目前,职业学校兼职教师占比达 25%。

读书好，多读书，读好书。

4. 苏州职业学校教师了解行业企业吗？

答： 针对职业学校教师普遍存在从学校到学校、缺少企业经历的实际，苏州市在众多企业中遴选了一批优秀企业作为职业学校教师培养基地，每年组织大批教师下企业实践，让教师零距离了解企业的发展实际和对人才的需求。昆山市对教师下企业活动分别给予企业和教师财政经费支持。张家港市遴选骨干企业建立市级专业教师企业实践基地，由市财政承担教师实践基地培训经费。常熟市依托"常熟市产业用工研究中心"，组织专业教师到企业进行学习实践活动。通过下企业实践，教师的专业知识水平、技术技能水平和工作视野等都得到了提高和开阔。

千里之行,始于足下。

5. 苏州职业学校人才培养质量如何

答：多年来,苏州职业教育全面落实立德树人根本任务,"努力让每个人都有人生出彩的机会";立足学生的终身发展、全面发展和个性化发展,全面实施素质教育,创新培养高技能人才;坚持工学结合、知行合一,推广校企联合招生、联合培养的现代学徒制人才培养模式,推进和实施学历证书与职业资格证书互通互认;培养了一大批不仅具备熟练的职业技能,还具备敬业精神和职业素养的技术技能型人才。苏州职业学校毕业生就业率连续多年保持在98.5%以上,就业质量显著提升,职业发展显著优化,基本满足苏州经济发展对技术技能人才的需求。一批批技术能手、技能大师成为企业的生产骨干,成为职校学生的学习榜样。

聪明在于勤奋,天才在于积累。

6. 苏州职业学校毕业生能读大学吗?

答: 能。为了给职业教育学生提供升学的途径,苏州职业教育大力构建现代职业教育体系。自2012年以来,苏州市累计获得省现代职业教育体系建设试点项目306个,占全省的近20%,基本覆盖了主要的中等和高等职业院校;获省中高等职业教育衔接课程体系建设课题17项,占全省的17%。目前,苏州市现代职业教育体系建设试点项目(3+3中高职分段培养、3+4中职本科分段培养)在校生规模达7488人,五年一贯制在校生规模达34174人。

理想是人生的太阳。

7. 苏州职业学校在各种大赛中的成绩如何?

答:苏州职业教育在各级各类大赛中的成绩名列前茅。苏州市技能大赛制度日益完善,"以赛促教、以赛促学、以赛促改、以赛促建"的作用日益明显。2013、2014年全国技能大赛,苏州市成绩均居全省第一,2013年市教育局被省教育厅授予集体二等功。教学科研成果丰硕喜人。2013年首次开评职业教育教学成果奖,苏州市获批国家职教教学成果二等奖11项,荣获省职教教学成果特等奖3项(全省共10项),获奖等次和个数均居全省首位。在2015年首届全国职业学校班主任基本功大赛中,苏州市选手表现突出,获得一等奖第一名的好成绩。苏州市的全国信息化教学大赛成绩也比较理想,累计获得6个一等奖、3个二等奖、1个三等奖。

伟大的思想能变成巨大的财富。

8. 苏州职业教育教学设施设备现代化吗？

答：苏州职业教育坚持以信息化引领职业教育现代化，加强职教信息化基础设施建设。所有职业学校均基本实现宽带网络"校校通"。目前校园网主干带宽在百兆以上的学校占80%以上，已开通无线校园网络的学校占30%以上。职业学校生机比为4∶1。大部分职业学校都具有数字化教室，并在数字化教室中安装了投影设备及网络接口，为实现优质资源"班班通"做好了硬件准备。数字化教学资源快速增加。目前各职业学校网络教学资源总量达到了10TB。虚拟仿真实训环境逐步增多。目前苏州市建有虚拟仿真实训环境的职业学校占比超过50%，共有虚拟仿真实训场所99个。

书籍是人类思想的宝库。

9. 苏州职业学校与行业企业的关系如何？

答：苏州职业教育高度重视校企合作、产教融合。2014年在省内率先颁布《苏州市职业教育校企合作促进办法》。建立了苏州市经教联席会议制度,各政府部门、行业企业及院校代表参加会议。各市(区)也建立了职教联合体、院校协作委员会等组织。成立了14个市级专业性职业教育集团,引企入校初见成效。与创元、亨通、同程、三星等知名企业合作设立企业学院,共同培养人才、研发新品,共同申报科研项目和产品技术专利。在太仓、张家港、高新区等进行了长期的德国双元制教学实践及本土化研究。2014年,常熟中等专业学校、奇瑞捷豹路虎汽车有限公司及英国驻沪总领馆合作开展中英"现代学徒制"试点项目,开创了省内"现代学徒制"先河。

> 科学如同大海,要求奋不顾身地拼搏。

10. 苏州职业学校得到政府重视和支持吗?

答:苏州市委、市政府高度重视、大力支持苏州市职业教育发展。2014年12月,苏州市委印发《苏州市深化社会事业重点领域改革三年行动计划(2014—2016)》,明确提出了建立现代职业学校制度、激发学校办学活力等内容。2015年2月,苏州市政府出台《关于进一步加强高技能人才队伍建设的意见》,强调要完善高技能人才激励机制,提升高技能人才的相关待遇;2015年8月苏州市政府正式颁布了《关于加快发展全市现代职业教育的实施意见》,对未来五年的职业教育发展进行全面规划和部署。苏州市职业教育经费投入持续增长。从2015年起,公办中职学校年生均财政拨款基本标准提高到6000元,其中生均公用经费拨款基本标准不低于1000元。中职免学费政策全面实施。

第二章 理解家庭教育

11. 苏州职业学校学生的家长的身份情况有哪些？

答：按从事的职业分类，苏州职业学校学生的家长主要为工人和办事人员；按社会分层分类，苏州职业学校学生的家长主要为社会中下层和社会底层；按文化程度分类，苏州职业学校学生的家长学历多数为高中或初中。

12. 苏州职业学校学生的家庭教育有哪些特点？

答：(1) 教育期望高于现实，为数较多的家长认为孩子在学习、生活上达不到自己的要求，希望孩子能够升学，拿到学士学位。(2) 教育观念落后，多数家长认为应该树立家长的绝对权威，不给孩子适当的自主空间。(3) 教育方法单一，主要停留在家长讲、孩子听的层面

> 科学的种子,是为了人民的
> 收获而生长的。

上,家长甚至借助"打"这种暴力方式来树立自己的权威,希望达到教育孩子的目的,没有更多的教育方法。(4) 教育内容不够丰富,主要围绕学生的学习情况,很少关注孩子"未来打算""学校生活""家常"和"社会经验"等方面的教育。

13. 苏州职业学校学生的家长对学生的教育态度如何?

答:家长对孩子的教育态度一般有四种:(1) 简单施压的遵循旧式家规的教育态度。(2) 过分娇宠,尽可能满足孩子的物质需求,错把肯花钱作为爱的方式,甚至作为让孩子听话的教育手段。(3) 放任自流,认为教育是学校的事情,采取不过问的教育态度。(4) 民主、平等的教育态度。目前职业学校的家长持第(2)(3)两种教育态度比较普遍。

道德应当成为科学的指路明灯。

14. 苏州职业学校学生的家长对学生的期望如何？

答：孩子是父母生命的光，孩子的一切无时无刻不牵动着父母的心，对于职业学校的父母来说也不例外。他们觉得孩子成人比成才更为重要。期望孩子在校做个好学生，和同学和睦相处，尊重师长，热爱班级，热爱学习，要有爱的能力；在家做个好孩子，孝敬父母，珍惜父母的劳动，时刻知道感恩；踏入社会要做个好公民，诚实守信，坚强自信，爱国守法！

15. 苏州职业学校学生的家长在家校合作中应如何定位？

答：家长在家校合作中应该定位为：学校教育的合作者而不是责怪者，学校教育的参与者而不是观察者，学校教育的鼓励者而不是批评者，学校教育的支持者和学习者，学校

> 科学的伟大进步,来源于崭新与大胆的想象力。

活动的自愿参与者,学生教育的教育决策参与者。家长参与家校合作一般有六个层次:(1)信息传递(双向沟通);(2)参与子女学习;(3)应邀参与学校活动;(4)培养对学校的兴趣;(5)协助学校运作;(6)参与学校决策。

16. 苏州职业学校学生的家长在家校合作中应扮演什么角色?

答:家长是学校教育的合作者而不是责怪者,是学校教育的参与者而不是观察者,是学校教育的鼓励者而不是批评者。学校教育在改革过程中会遇到许多困难和挫折,一旦出现问题,家长要密切配合,为教育的健康发展出谋划策。学校教育需要家长的参与、鼓励和宣传。家长要用智慧、用真诚来支持教育,而不是袖手旁观。

道德应当成为科学的指路明灯。

17. 什么类型的家庭在家校合作育人中教育效果最佳?

答:学习型家庭的教育效果最佳。在这种类型的家庭中,家长有意识地在家中营造一种健康、积极的良好学习氛围,通过自身的积极学习体验与获得,有效地激发孩子的学习兴趣。这样的家庭有利于孩子的健康成长和父母的自我改变与发展,有利于建立和谐的家庭人际关系,因而能在家校合作育人中取得最佳的教育效果。

18. 良好的家庭教育对苏州职业学校学生的影响主要有哪些?

答:良好的家庭教育对苏州职业学校学生的影响主要有以下几点:(1)有助于学生培养良好的道德品质,承担起应有的社会责任和使命;(2)有助于学生形成健全的人格,以融

> 科学是永无止境的,它是一个永恒之谜。

入社会;(3)有助于学生养成积极乐观的心态,以适应环境;(4)有助于学生形成终身学习的理念,不断成长与发展;(5)有助于学生确立合理人生规划,寻求自身发展;(6)有助于学生建立和谐的家庭人际关系。

19. 为什么家庭教育是任何教育都取代不了的?

答: 父母是儿女的第一任教师,更是终身的教师。学校教育固然重要,但一个学校有成百上千个学生,一个班级也有好几十个学生,老师不可能对每个学生都因材施教。特别是基础教育,学校重视的是升学率和学习成绩,教师的精力有限,对孩子的关注难免有所欠缺。因此任何教育都代替不了家庭教育。

> 知识不存在的地方,愚昧就自命为科学。

20. 现在的孩子为什么不理解父母?

答:父母与孩子成长所处的年代不同,接受的主流文化不一样,看待问题的角度和做事的方式也不相同。孩子一般不太成熟,阅历不丰富,无法更多地理解父母许多行为背后的善意,而父母往往只是从一个成人的角度要求孩子,并没有深入了解孩子的内心,并不能真正地了解孩子的感受,也不知道孩子真正想要的是什么。而且现在的孩子基本都是独生子女,从小是在家人的宠爱和呵护中长大的。逐渐地,孩子心里只有自我,不懂为别人考虑。理解是相互的。遇到问题时,家长与孩子应该多沟通,换位思考。

科学是实事求是的学问,来不得半点虚假。

21. 孩子早恋了,家长该如何应对?

答:首先,家长要改变对早恋的固有看法。在西方,只有恋爱,没有早恋这个概念。孩子早恋的对象比早恋本身更值得家长关注。首先,家长要通过班主任了解孩子的交往对象。家长只有持这种不偏执的心态,才能比较冷静地对待子女的早恋问题。其次,家长要分析孩子早恋的原因,反省自己,改变自己。应该淡化孩子情感上的浓度,多创造家庭集体活动的机会,使孩子既能满足和异性交往的心理需求,又不至于把需求和精力都指向一个人。

22. 如何引导孩子正确使用手机?

答:教师或家长不能强制没收手机或规定孩子使用手机的时间,应加强对孩子的教育和疏导,使孩子慢慢养成良好的使用手机的习惯;引导孩子把手机当成学习的工具,用

人借助于科学，就可纠正自然界的缺陷。

手机查阅资料、关注新闻，以健康的心态使用手机，帮助孩子拓展知识面、提高成绩。

23. 怎样让孩子喜欢家长的"唠叨"？

答：孩子需要家长的指导，但不喜欢家长反复的唠叨。家长应该努力尝试将"唠叨"变为指导。(1) 指导是亲切的，是言简意赅的；唠叨则往往会有责怪、警告的语气。(2) 指导是一种促进，是引而不发，鼓励孩子独立处理问题；而唠叨常对孩子表现出不尊重和不信任。(3) 指导的结果通常是孩子情绪稳定、心情愉快；而唠叨则是反复的单调刺激，使孩子厌倦、反感、苦闷。唠叨会使孩子产生行为惰性。这种恶性循环还会导致孩子独立自主的积极个性被破坏。所以少唠叨、多指点，用亲切的语气以及让孩子佩服或赞同的观点与之交流，孩子便会喜欢上家长的"唠叨"。

书籍是培植智慧的工具。

24. 如何让孩子学会选择朋友?

答：古人说:"近朱者赤,近墨者黑。"这句话告诫我们,要交志同道合、真诚、正直、有理想、有抱负的朋友。与这样的朋友相处往往非常融洽,还能在学习和做人做事方面彼此促进、相得益彰。家长应引导孩子结交多种类型的朋友,以满足各方面之所需。比如:能直陈自己的过错,开展批评的诤友;能给自己指点迷津,少走弯路的导师;能相助于危机、苦难之时的患难之友;能与自己一同参加感兴趣的文娱体育活动的朋友。孩子广交良友能为自己的发展和个性的完善创造良好的外部条件。对于一些性格不同、兴趣有异、有某些不足的人,也可以适当地接触了解。这样既可以使自己加深对各类人的了解,培养与各种人打交道的能力,同时又可以弥补自身的某些不足。总之,交友标准可以灵活掌握。

智慧、勤劳和天才,高于显贵和富有。

25. 怎样教孩子缓解或解除心理压力?

答:人的进步需要一定的压力。但是人能承受的压力是有一定限度的。过重的压力会使人喘不过气来,背上沉重的心理包袱。家长可以教给孩子以下几种缓解或解除心理压力的方法。

首先,需要有正确的认识。压力是我们生活中的一部分,人不可能一点压力都没有。一点小小的压力或坎坷,只不过是错综复杂、变化多端的生活中的小插曲。有了这种心态,有了面对压力的气魄,那压力自然就小了。

其次,培养坚强的意志力。人们对待压力的态度与人的意志力强弱有关。恽代英说过:"世界上没有一帆风顺的革命,挫折是不可避免的。经得起挫折,不怕失败的人,才是能取得胜利的人。"人如果有了这种坚定的毅力,就会百折不挠、奋勇前进。

> 没有智慧的蛮力是没有什么价值的。

再次,学会自我调节。有时我们必须严格要求自己,但有时我们又要学会原谅自己。学会对自己适当地宽容是一种理智的表现,不需要给自己施加过重的压力。合理的宽容是自我修养的艺术,是心理调适的艺术。

最后,寻求他人的帮助。有时强大的精神压力难于摆脱,可以向老师、家长、同学和知心朋友寻求帮助,找他们诉诉衷肠,让他们给以安慰、开导。常言道:"当局者迷。"许多时候,自己的认识是片面的、偏激的、模糊的,需要别人的提醒和开导,在他人的提点下达到"柳暗花明又一村"。

> 智慧意味着以最佳的方式追求最高的目标。

26. 如何帮助孩子度过青春叛逆期?

答:帮助孩子度过青春叛逆期,家长可以从以下几个方面入手:首先,完善自我,做孩子成长的榜样。注意加强自身修养,广闻博见,能够对具有逆反心理的子女采取一种更科学、更宽容的方式去对待,用为人父母的多重人格魅力取得孩子的信赖和尊敬。其次,尊重孩子,做孩子的朋友。家长应真正将孩子视为平等独立的个体,多从孩子的角度思考问题。再次及时发现问题,做孩子的心理医生。日常生活中,家长应当关心孩子的一言一行,经常与老师联系,了解孩子的行为表现和思想变化,了解孩子的学习状况和交友状况,一旦发现孩子有思想困惑和行为偏差,及时加以引导,不可轻率地根据自身的经验做出判断和处理。

> 与智者同行,必得智慧;与愚者做伴,必定无益。

27. 如何看待与赏识自己的孩子?

答:人人都需要赞美,都希望被认可,孩子尤其如此。作为父母,随时随地都用欣赏的眼光看孩子,最终你会发现,孩子其实很棒,说不定哪天就会带给你意想不到的惊喜。学会用欣赏的眼光去发现孩子,家长应努力做到:一是要用全面的眼光看待孩子,不要只是盯着某一个方面。家长平时更多关注的是孩子的学习成绩,甚至只关注学习成绩,但是除了学习成绩外,孩子的性格、文明礼貌、劳动表现、交往情况、文体才能、兴趣爱好、动手能力、卫生习惯等,都是值得关注的。不是只有学习好的孩子才是好孩子,对好孩子的界定应该更全面。二是要用发展的眼光看待孩子。要善于拿孩子的今天比昨天、比前天,而不是跟别的孩子比。

无知会使智慧因缺乏食粮而萎缩。

28. 苏州职业学校家长之间如何建立有效的沟通交流平台？

答：通常家长更关心孩子的成绩、就业等问题，家长与家长之间交流最多的也是这些问题。可以在每个班级建立家长微信群、QQ群，家长与家长之间可以在这样的平台上进行有效的交流。同时，可以在班级群里选出 1~2 位有威望的家长作为班级家长委员会的负责人，在课余时间组织家长之间的联谊。

29. 家长学校、家长讲堂、家长委员会有什么功能？

答：家长学校的功能是引导家长改变家庭教育的误区，提高家庭教育的质量，让家长进一步配合学校教育，和学校形成有效合力，引导学生健康成长。

家长讲堂的功能是请来家长，让他们结

> 人类的智慧就是快乐的源泉。

合自身职业特点,为学生进行相关专业知识培训;结合兴趣爱好,向学生介绍相关方面的知识;结合日常生活中的动手实践经验,引导全体学生产生共鸣,努力培养动手能力。

家长委员会是由家长代表成立的组织,是增进学校与学生、家长之间沟通的桥梁。家长委员会代表一般不限制人数,学校可以提供他们商议讨论的场地。也可以由家长委员会成员自行组织讨论,将议题整理记录后与学校沟通。家长委员会是代表全体家长参与学校民主管理,支持和监督学校做好教育工作的群众性自治组织,是学校联系广大学生家长的桥梁和纽带。

良好的人生是受行动和智慧指导的

30. 家长如何参加家长会、家长开放日？

答：家长参加家长会时应做到以下几点：(1) 不要让孩子一起来,除非这是老师的特殊要求。(2) 向老师询问孩子在社交方面的表现。(3) 有一个宽容的心态。(4) 带着具体问题和关注点去参会。(5) 在不违背原则的前提下分享一些私人信息。(6) 如果老师没有提供关于孩子的一些积极反馈,就主动去问。(7) 告诉老师哪些方法在家里很有效,而哪些是你需要得到帮助的。(8) 认真做笔记。(9) 告诉老师孩子在家都喜欢做些什么。(10) 问问孩子哪些是他(她)认为需要你问老师或者讲给老师听的。

家长参加家长开放日的时候应尽量做一个旁观者,不要打扰老师的正常教学,不要过分关注孩子以免分散孩子的注意力。观察孩子在学校一天的生活和学习情况,家长开放日结束后适当与老师进行沟通。

> 与智慧相伴的是真理,智慧只存在于真理中。

31. 特殊家庭主要指哪些家庭?

答:根据《中等职业学校德育大纲》,特殊家庭包括单亲家庭、经济困难家庭、留守儿童家庭和流动人口家庭。(1)单亲家庭已成为社会普遍现象。随着家庭和社会结构的多元化,家庭可能因为各种因素造成单亲,如离婚,配偶死亡等。(2)经济困难家庭主要包括家庭成员无生活来源的家庭、家庭成员无劳动能力的家庭以及在职和下岗人员的家庭人均收入低于当地最低生活标准的家庭。(3)留守儿童家庭是指父母双方或一方外出打工,而孩子留在农村生活的家庭。很多留守儿童与自己的父亲或母亲一人,或者其他亲人一起生活。(4)流动人口家庭也是当今社会的突出问题。流动人口家庭成员进入其他城市重新安家,谋求发展。流动人口家庭是一种新的家庭模式。

> 由智慧所养成的习惯能成为第二本性。

32. 对于特殊家庭的家长,学校可以提供哪些教育的方式?

答:首先,家长应为孩子营造一个良好的家庭氛围,并做好孩子的榜样。其次,教育的目的是让孩子成功地脱离父母独立生活。教育需要科学的方法,单亲家庭的补偿心理、留守家庭和流动家庭的忽视、经济困难家庭的疏于关注都是不科学的教育方法。再次,聆听和沟通是非常重要的。经常与孩子沟通,聆听他们的心声,将会对孩子的身心健康发展起到积极的作用。

33. 对于特殊家庭中的孩子,应给予他们哪些关爱和帮助?

答:单亲家庭的孩子往往很渴求关注,不太理解父母的分开,或许还会对某一方有怨恨心理。这样的孩子首先要认同父母的事情

> 书籍乃世人积累智慧之长明灯。

才能调整好自己的心态。流动人口家庭和留守家庭的孩子往往需要老师替代父母的角色,因此从生活到心理方面都要更多地关注他们。对经济困难家庭的孩子,要帮助他们树立正确的金钱观,培养他们的自信心。

34. 家长对待在集体中暂时处于后进的孩子的恰当方法有哪些?

答:(1)家长必须要有耐心,情绪稳定。因为孩子过去的基础较差,想要孩子一下子把学习搞好是不现实的,也是不可能的。(2)家长应该和孩子进行诚恳沟通。交谈时,家长应该抱着真诚关心和宽容体谅的态度,表示理解孩子在学习上遇到困难或挫折是难免的。同时,家长还可以谈自己过去学习成功或失败的经验教训,给孩子必要的信心和勇气。在此基础上,再从以下几个方面了解孩子的情况:

自信就是成功的第一秘诀

① 在学习上是否尽了全力？② 你是否认为自己无法搞好学习？③ 你需要什么帮助吗？(3) 多与班主任、任课教师还有孩子的同学联系，了解孩子学习、心理的状态。(4) 父母应该做到：① 当孩子遇到困难时关心他、支持他，鼓励他坚持不懈、顽强奋斗。② 不要过分干预、指导孩子的学习，要让孩子养成独立思考、独立学习、不依赖他人的良好习惯。③ 教育孩子正确对待失败，要善于从失败中找出成功之路。④ 以肯定任何成绩的方法来建立孩子的自信心，让孩子体会到，无论成功还是失败，只要他尽了自己的努力，父母都一样爱他。⑤ 鼓励孩子提出切合实际的目标，一步步地争取，不要希望一步登天。

高傲自大是成功的流沙。

35. 职业学校学生的家长应如何为孩子树立良好的榜样?

答:对职业学校学生的教育方式与中学的应试教育模式存在很大的差异,使得职业学校学生的家庭教育显得尤为重要,成为学校教育不可或缺的辅助手段。这就要求家长必须做到以身立教,给孩子做榜样;在平时的生活中学会与孩子沟通感情,建立相互尊重的平等关系;在发展孩子个性的基础上,时时、处处注意自身的言行举止,给孩子一个良好的家庭氛围和学习环境。

36. 如何引导孩子正确处理与同学的关系?

答:美国教育学家戴尔·卡耐基曾指出,个人的成功,15%源于专业技能,而85%依赖于人际关系。故引导孩子正确处理人际关系至

骄傲使人落后，谦虚使人进步。

关重要。而矛盾产生的根源很大程度上都来自孩子太过以自我为中心，过多地从自身角度考虑问题。因此，家长和老师应引导孩子学会称赞他人、关心他人；老师应积极开展相关主题班会活动，促进孩子之间的交流和沟通；家长和老师还应引导孩子在交往过程中注重求同存异，对待差异更多地给予包容与理解。

37. 如何参与孩子的心理健康教育？

答：对于孩子的心理健康教育，家长的言传身教至关重要。家长应做好以下几点：(1) 日常生活中注意自己的言行，帮助孩子形成健康的心理，培养孩子乐观的性格。(2) 青春期的孩子不常与家长交流思想。家长要加强与孩子的沟通，用心去感受孩子，走进孩子的世界。只有从他们的角度去看待问题，才能真正了解他们、帮助他们。(3) 如果发现孩子可能

> 成功是战胜艰难险阻的奋斗结晶。

有较为严重的心理异常,应及时配合专业心理机构开展干预。

38. 在家校合作育人中应侧重哪些方面的内容?

答:学校方面:应树立理解意识,营造家校合作的氛围;实现全员育人;满足家长不同的需求,增强活动的合理性;针对家长教育水平差异,加强家庭教育的指导;根据家长工作性质不同,提供多样化的参与方式;重视家长委员会的建设,为家长提供交流及合作的平台。家长方面:要加强自身的学习,增强教育能力;注重家庭教育,建立良好的亲子关系;处理好家庭与孩子教育的关系;扬长避短,多途径参与家校合作;与家长委员会密切联系。学校、老师和家长之间应加强沟通,多多倾听家长的心声,了解他们在家庭中遇到的教育问题,并有针对性地帮其解决。

奋斗是万物之父

39. 家长如何与老师共同教育管理孩子？

答：家长应采用多种方式与老师沟通。除了面对面交流之外，家长还可以通过电话、QQ、微信等方式给老师送去问候，同时询问孩子的学习情况。

家长应注意选择与老师沟通的时机。比如：新生刚刚入学的时候，往往需要一定时间来适应新的学习环境。这时家长就应主动与老师联系，帮助老师更多地了解学生的特点，便于今后因材施教。中职三年级刚开学的时候，学生进入中职的新鲜劲已经过去，学生往往会情绪不稳定，产生厌学情绪。此时，家长要及时与老师沟通，不仅要了解学生的学习成绩，还要了解学生在校各方面的表现以及学生的心理状态。家长与老师在任何时候的沟通都应该本着相互尊重的原则。作为家长也应该多站在老师的角度去思考问题，这样就能够更好地判断老师的做法是否正确。

不以规矩,不能成方圆。

40. 家长如何规范孩子的仪表?

答：家长在平常的工作和生活中,需要适当以身作则,衣着得体,不过分浓妆艳抹,给孩子留下简单大方的印象,并时时注意自己的言谈举止,一点一滴地渗透到对孩子的审美教育中。需要在家庭中塑造一个较为良好的学习氛围,把孩子的注意力从消费攀比中吸引过来。作为中职学生,其主要任务还是专业知识的学习。学习环境是一种特殊的生存环境,能潜移默化地影响学生的情感、思维、行为、习惯以及气质的形成。创造一个良好的学习环境,家庭成员之间相互切磋,相互启发,取长补短,共同提高。孩子在这样一个环境中,会自然而然地受到熏陶,不正确的观念也会改变。

第三章 认识你的孩子

41. 步入青春期的孩子在生理上有什么特点？

答：进入青春期后，孩子的身体发生了巨大的变化。随着大脑及身体各器官的发育成熟，孩子的身体机能已经接近成人。

42. 步入青春期的孩子在心理上有什么特点？

答：步入青春期后，孩子的自我意识会出现质的变化，独立性增强，感情的变化也非常显著，开始关注同龄人之间的交往，与成人世界的关系开始变化，性意识开始萌动，逐渐关心他人对自己的看法。

明日复明日,明日何其多?

43. 步入青春期的孩子为何会跟父母顶嘴?

答:青春期的孩子因为种种身心特点,加上心理不够成熟、经验缺乏,行为会显得比较冒失。他们渴望得到家长的认可,渴望独立,却缺乏与家长交流的相关经验,加上家长的不理解、教育方法的不恰当,最终造成他们跟家长顶嘴。

44. 如何看待孩子的叛逆?

答:叛逆是孩子生理成熟、思维能力增强的表现,是自我同一性发展的需要,是不良情绪的发泄途径,是对人际关系调整的一种适应。这是孩子成长的表现,是一件好事情,至少是好的开始。

温故而知新，可以为师矣。

45. 青春期的孩子对父母有哪些要求？

答：青春期的孩子对父母有十大要求：孩子在场，父母不要吵架；对每个孩子父母都要给予同样的爱；父母之间互相谦让，相互谅解；任何时候，父母都不要对孩子撒谎；父母与孩子要保持亲密无间的关系；孩子的朋友来做客时，父母要表示欢迎；对孩子提出的问题，父母要尽量予以答复；在孩子的朋友面前，父母不要讲孩子的过错；父母要注意观察和表扬孩子的优点，不要过分强调孩子的缺点；父母对孩子的爱要稳定，不要动不动就发脾气。

46. 青春期的孩子有哪些坏的生活习惯是要引起重视并予以纠正的？

答：打断谈话、攻击性行为、假装听不见你说话、无视规则、使小性子、夸大事实、挖鼻孔、不遮掩地咳嗽或打喷嚏、抠疮痂、咬指甲等。

天行健，君子以自强不息。

47. 孩子有哪些不好的习惯会影响学习成绩？

答：学习无计划、学习不定时、学习不定量、学习马马虎虎、学习时一心二用、不懂也不问、有错也不改、课前不预习、上课注意力不集中、不复习就做作业。

48. 青春期孩子的认知特点会导致哪些同伴交往问题？

答：由于抽象逻辑思维的发展，孩子对自己、对周围环境的看法发生了改变，在与同伴交往时，会出现以下几个方面的问题：喜欢争论、以自我为中心、理想主义、以偏概全。

49. 影响孩子同伴交往的家庭因素有哪些？

答：家庭结构的变化，家教观念的偏颇，以及父母的人格、交友方式与行为。

> 有知识的人不实践,等于一只蜜蜂不酿蜜。

50. 孩子的哪些情绪会导致同伴交往问题?

答:人际交往通常是由情感而萌发的。青春期的孩子由于感情丰富、变化快,人际交往缺乏稳定性,易出现各种问题。其中紧张、嫉妒、自卑、自傲、孤僻等情绪容易导致交往问题。

51. 交往能力欠缺为什么会导致同伴交往出现问题?

答:交往能力的欠缺是孩子人际交往出现问题的重要原因之一。不少孩子缺乏交往的经验。他们想关心人,但不知从何做起;想赞美人,又怎么也开不了口或词不达意,或者不知道用怎样的话题引起对话。交友的愿望强烈,却总感到没有机会;交往中想表现自己,却不能如愿;内心想表示温柔,言语却是生硬的:诸如此类,阻碍了交往的顺利进行。

良好的开端,等于成功的一半。

52. 孩子为什么会被孤立?

答:孩子被孤立的原因主要有:(1)自私、好强、表现欲强;(2)人际交往能力较弱、内心自卑、性格内向;(3)有特殊个性或行为,如爱打小报告、爱发脾气、不爱卫生等。

53. 孩子出现"为了讲义气而违纪"现象的原因是什么?

答:青春期的孩子希望被同辈接纳、肯定、喜欢及尊重。他们为避免被拒绝、被嘲笑、被孤立、被排斥,会以讨好、迎合的方式面对种种同辈压力,展现从众行为。

54. 什么样的孩子更容易屈服于来自同辈的压力?

答:自尊心较弱,缺乏自信心,没有稳固、可信赖的朋友关系,在朋友圈中的地位不确定,与朋友或家人之间有隔阂。

道德应当成为科学的指路明灯。

55. 一些孩子为什么开始喜欢与异性交往？

答：首先,心理因素影响。职校生的生理发育逐渐成熟,更容易对异性产生兴趣,渴望了解并接触异性。其次,社会环境变化影响。随着现代社会的发展,职校生不再拘束于传统陈旧思想的束缚,逐渐敢于勇敢表达,与异性建立良好的人际关系。

56. 在就业之前,孩子需要为择业做好哪些准备？

答：需要做好知识准备,培养相关职业能力,培养良好的职业素质。

57. 影响职业选择的因素有哪些？

答：影响职业选择的四大因素是能力特征、兴趣爱好、气质类型和个人性格。

真诚是一种心灵的开放。

58. 职业选择的策略有哪些?

答:职业选择是职业发展规划中的第一步,有四大策略:从客观现实出发、比较鉴别、扬长避短、适时调整。

59. 职业规划对孩子有什么作用?

答:职业规划可以帮助孩子更好地实现职业理想和人生目标。科学、合理的职业规划是孩子顺利踏入社会、走上职业岗位、在实践中不断发展和提高的重要条件。

60. 职业生涯规划的支点是什么?

答:职业生涯规划有三个层次的支点:(1)生存支点,但如果只以生存支点来做职业规划,是一种短视行为;(2)发展支点,要在生存得到基本保障的前提下思考这一支点;(3)兴趣支点,把工作看作是一种创造,在创造中获得美的享受。

第四章 培养你的孩子

61. 什么是学业指导？家校合作在学业指导中发挥的作用是什么？

答：学业指导是学校对学生在学习方面提供的指导和帮助，旨在充分利用各种资源，设计反映学生能力和兴趣的规划，确立符合学生个性发展的目标。家校合作在学业指导中发挥着重要的作用。家长和孩子共同商讨，向学校反馈孩子的真实情况，有助于帮助孩子制定合理的学习目标。

62. 如何安排孩子的业余时间？

答：进入职业学校，学校在课程设置、教学方法上都发生了较大的变化，着力培养学生自我控制和自主学习的能力。对于孩子来说，自由支配的时间增多了。家长首先要帮助孩子正确认识业余时间，充分利用业余时间提升

> 诚实是人生的命脉,是一切价值的根基。

自我素养。其次,家长可以和孩子一起进行业余时间规划。除了平时上课,孩子还可以参加社交活动、讲座报告、社团活动、志愿者活动、文娱活动、实习工作等,促使业余时间的利用系统化、合理化。

63. 什么是学业规划?如何与学校一起完成孩子的学业规划?

答: 学业规划就是指学生根据自身的天赋、兴趣及未来社会的需要,确定自己的学业及职业(事业)发展生涯,根本目的在于最大限度地提高人生事业(职业)发展效率。家长应与孩子一起制订每天、每时、每刻的学习计划与安排,以确保孩子完成学业后,成长为适应社会经济发展的合格人才。

仁义为友，道德为师。

64. 如何应对孩子对所学专业没有兴趣？

答： 家长要正面鼓励孩子。孩子刚进入职业学校，对自己的专业不了解，所以从严格意义上讲，没有充分的理由说喜欢或不喜欢。所以，建议家长在孩子学习的过程中培养孩子对所学专业的感情和兴趣。

65. 如何应对孩子学习目标不明确？

答： 有的孩子学习目标不明确，出现上课睡觉、偏科等情况。家长首先要和孩子一起确立小目标，并一步步实现。然后，家长要给予及时的鼓励和赞许，给孩子正面的支持，从而促使孩子对学习保持浓厚的兴趣，自主学习，主动制定学习目标并按部就班地实施、执行。

> 生活的理想,就是为了理想的生活。

66. 如何协助学校组织开展社会实践活动?

答:社会实践活动是孩子开阔视野、增加阅历的重要途径。家长要鼓励孩子积极参与社会实践活动。家长可充分利用自己的社会资源,通过家长委员会和学校进行协商,为学校社会实践的丰富性贡献自己的力量;家长还应鼓励孩子在社会实践中多与同学、社会人员沟通和交流,增强社会交往能力,提高综合素质。

67. 如何看待孩子参加学校社团活动?

答:家长要积极鼓励和引导孩子多参加学校的社团活动。职业学校社团覆盖面很广泛,有兴趣社团、创新社团、创业社团等。孩子可以在社团活动中学到很多第一课堂无法学到的知识,提高自己的情商,培养坚忍的意志,促进身心和谐发展,提高自己的综合素质。

志不立,天下无可成之事。

68. 如何参与班级管理?

答: 家长可通过家长委员会向老师反映自己的意见。班级面临的困难和对一些问题的处理可由家长委员会向家长做协调工作,增进相互理解和信任。家长也可走进校园,亲历课堂,参与班级教育活动和学生心理健康教育活动,参与学生日常行为规范的养成教育,参与班级管理的协调与谋划,与班主任一同关注孩子的成长,感受孩子的进步。

69. 孩子军训时应注意哪些事项?

答: 军训是磨炼意志、培养团结合作精神的途径,也是职业学校学生的入学第一课。首先,家长应鼓励孩子积极参加军训,在思想上高度重视,在行动上积极参与。其次,家长应及时就孩子的身体状况和学校沟通。再次,家长应提醒孩子在军训期间注意补充水分,多摄入有营养的食品,注意防病。

三军可夺帅也,匹夫不可夺志也。

70. 如何提升孩子对所学专业的热情?

答: 家长首先要培养孩子对所学专业的兴趣,引导孩子参加专业实习,提高孩子对专业前景的认可度。其次,家长应加强孩子的参与意识教育,重视孩子的学习过程性,锻炼孩子的协作能力。再次,家长要鼓励孩子积极与其他同学交流合作,在与其他同学的交往中,提升对所学专业的热情。

71. 如何增强孩子的自主学习能力?

答: 首先,家长要为孩子营造一个良好的家庭学习环境,同时以身作则,给孩子树立一个良好的榜样。其次,家长要和孩子一起制定学习目标,定目标要循序渐进、合理有效、量力而行,不可操之过急。再次,严格执行时间表。新的学习计划表和作息安排表,家长要和孩子一起严格执行,真正把计划转变成执行

业精于勤，荒于嬉；行成于思，毁于随。

力。第四，家长要允许孩子自己选择学习的方式。职业学校的孩子的自主意识已经很强烈了，在学习中家长只提出总体要求，具体的细节让孩子自己去把握，更能激发孩子的自主学习能力，增强学习的效果。最后，家长要和孩子一起总结，适时奖励。

72. 如何指导孩子的课外阅读？

答：首先，家长要关注孩子读书的质量，选择适合的书籍和孩子一起阅读。其次，家长还需指导孩子解决遇到的阅读障碍。特别是当孩子读完一本书后，家长要和孩子一起讨论，指导孩子的阅读收获。

少壮不努力，老大徒伤悲。

73. 如何看待孩子学习成绩起伏不定的现象？

答：孩子学习成绩忽高忽低，家长首先要做到的是：切忌孩子成绩提高就沾沾自喜，孩子成绩下降就责备、咒骂。家长最好加强和老师的沟通交流，全面分析原因，找到问题关键所在，采取相应措施。如果孩子出现学习兴趣不浓、劲头不足、学习方法不当等问题，家长就要想方设法提升孩子的学习兴趣，帮助他们找到学习的软肋，并各个击破。

74. 如何提高孩子的品德修养？

答：首先，家长要提高自身的品德修养和诚信水平，在与孩子的交往过程中，给孩子做好良好的榜样示范。其次，家长要培育孩子的亲社会能力，鼓励孩子多参加社会实践活动，在社会交际中自我审查，从而提高品德修养。

读书破万卷,下笔如有神。

75. 如何指导孩子选课?

答：帮助孩子了解课程开设情况,更重要的是了解社会发展状况和趋势,指导孩子在更广泛的社会背景下合理安排自己的学业。家长应指导孩子制订适合自己的课程选修计划和个人发展计划,根据自己的兴趣、特长、潜能、未来职业倾向等来进行课程选择。

76. 如何正确引导孩子形成良好的社会责任意识?

答：社会责任意识是一切美德的基础和出发点,是社会得以发展的基石。在现实生活中,家长要引导孩子把自己的人生价值与国家建设结合起来,鼓励孩子积极参加各种社会实践、勤工助学、志愿服务等活动,积累社会经验,为他人提供帮助,培养团队意识,增强社会责任感。

学而不思则罔,思而不学则殆。

77. 家长应培养孩子哪些良好的公民道德素养?

答: 家长应培养孩子以下良好的公民道德素养:热爱祖国、遵纪守法;对待他人文明有礼、诚实守信、真诚友善;严于律己,勤劳节俭,自强不息。家长要引导孩子从一言一行做起,从自我做起,从身边的小事做起。

78. 家长要培养孩子哪些良好的社会公德?

答: 家长要培养孩子以下良好的社会公德:对他人要尊重,不说带有侮辱性的语言,衣冠整洁,举止文雅,注意礼节;力所能及地帮助他人,不因个别不正常现象而失去助人之心;爱护、保护公物,不破坏公共设施设备;热爱自然,保护环境,自觉维护公共卫生,不随地吐痰、乱扔垃圾等。

富贵不能淫，贫贱不能移，威武不能屈。

79. 如何促进孩子的身心健康发展？

答：家长要引导孩子对体育运动产生兴趣，培养一项运动特长，养成良好的运动、锻炼习惯；培养孩子乐观向上的阳光心态和遇到困难与挫折不轻易放弃的精神，促进身心健康发展。

80. 如何增强孩子的学习能力？

答：家长要关注孩子的个性差异，培养孩子的学习兴趣，加强对孩子学习时间和过程的管理，培养孩子主动预习复习、专心听课、积极思考、独立钻研、认真作业、课外阅读，以及经常对学习过程和结果进行总结反思的良好习惯，培养孩子发现问题、分析问题、解决问题的自学能力。

己所不欲,勿施于人。

81. 如何培养孩子的阅读兴趣和习惯?

答:顺应孩子的心理和年龄特点,把选择"看什么书"的权力交给孩子,使孩子先对书产生好感,然后将好感逐渐转化为阅读的兴趣。尽可能为孩子提供轻松自由的阅读环境,和孩子一起阅读,切忌家长看电视、玩手机而叫孩子去读书。在孩子的床头放一本好书,临睡前阅读是一个很好的习惯。

82. 如何培养孩子的独立自主意识和能力?

答:让孩子去做一些力所能及的事情,比如做家务、整理房间等,培养孩子的动手能力。培养孩子独立克服困难的精神和能力。孩子遇到困难时,家长千万不能立即帮忙解决。培养孩子独立思考问题的能力,让孩子自己去探索解决方法。家长应耐心地关注孩子的成长,给予及时的鼓励和肯定。

骐骥一跃,不能十步;驽马十驾,功在不舍。

83. 如何增强孩子的审美能力?

答:经常带孩子走进艺术场馆、游览名胜古迹和自然风光等,体验艺术美、自然美。引导孩子积极参加学校的艺术组织或社团,亲身感受美。重视生活美育,让孩子明白,穿衣打扮符合学生身份就是美,赶时髦、染头发、化浓妆等不见得就是美。最重要的是要培养孩子的"心灵美",让孩子做一个有爱心、关心他人、尊重他人的人。

84. 如何培养孩子的生活能力?

答:平时要培养孩子面对地震、火灾、水灾、交通事故等问题时的救助能力,让孩子牢记报警、急救电话号码,并在需要时及时拨打;教会孩子一些基本生活技能,教会孩子安全使用电器、燃气灶等;增强孩子的环保意识,培养孩子的低碳生活理念和勤俭节约的生活作风。

85. 如何引导孩子建立良好的人际关系？

答：引导孩子学会换位思考、理解他人、尊重他人、关心他人。教给孩子必要的文明礼貌用语。给孩子更多的社交机会，让他在实践中成长，比如参加聚会时，让孩子学习握手、介绍他人的礼仪。不以成人的眼光去评判孩子的交往能力，应给他成长的空间和时间。

86. 如何培养孩子待人接物的能力？

答：待人接物是人际交往的基础。家长应教会孩子尊重他人、听他人说、替他人想、帮他人做。引导孩子成为一个待人热情、诚信友善的人。教给孩子待人接物的常识，并鼓励孩子参与接待工作，比如家里来客人了，让孩子一起参与接待。

读书不知要领,劳而无功。

87. 如何培养孩子与人交流沟通的能力?

答:家长要培养孩子使用文明礼貌用语,做一个善于倾听的人。懂得倾听才能清楚地知道对方表达的意图。家长还要培养孩子的语言表达能力。只有语言的逻辑性和条理性清晰才能使交流更加顺畅。家长还应教孩子懂得尊重他人,对人对事客观公正,防止以偏概全。

88. 如何培养孩子的团队精神?

答:引导孩子积极参加学校社团或社会公益组织,在社团、组织中根据自己的特长,找准定位贡献能力,团结队友共同协作,寻找快乐,实现价值,从而获得满足感和成就感。家长应经常了解孩子的活动情况,发现问题及时给予建议。

世上无难事,只要肯登攀。

89. 如何培养孩子良好的心理素质和抗挫折能力?

答:失败、挫折是孩子在成长过程中必须经历的。当孩子愿意交流失败、受挫的感受时,家长应倾听孩子的述说,避免发表主观意见和给予解决方案,应当与孩子共同分析原因、寻求解决办法,给予孩子鼓励和支持,使孩子学会在逆境中保持自信,在挫折面前保持乐观,养成向前看的习惯。

90. 如何培养孩子的创新意识与能力?

答:引导孩子积极参加社会、学校组织的创新展览、竞赛、活动等,鼓励孩子自己动手进行发明创造的活动,培养孩子学以致用、大胆实践的能力。

只要功夫深，铁杵磨成针。

91. 如何引导孩子正确看待兴趣与职业的关系？

答：每个孩子都有自己的兴趣爱好，对未来的职业也有梦想。家长应了解并肯定孩子梦想的价值，切忌以成人的观念或赚钱的多少来扼杀孩子的梦想。不是赚钱多的就是好职业，只有自己喜欢的才是最好的职业。家长要重视培养孩子做选择的能力和获得相关职业知识的能力。

92. 如何培养孩子的职业精神？

答：引导和培养孩子树立无论做什么职业都要做到最好的观念。让孩子积极参加勤工俭学，体验不同的职业，在实践中明确自己的责任，向优秀员工学习，同时锻炼和增强职业技能，体会职业精神。

人生在勤,不索何获。

93. 如何培养孩子的职业道德?

答: 引导孩子懂得:无论在哪个岗位,都要认认真真、兢兢业业地做好本职工作;在勤工俭学实践中,要对自己严格要求,遵守职业规则和操守,讲信誉、重信用;待人处世要公正公平,培养"人人为我,我为人人"的服务精神。

94. 如何培养孩子的"工匠精神"?

答: 家长要注重培养孩子一丝不苟的学习和工作精神;在技术技能上追求精益求精,给客户提供无可挑剔的服务与体验,极度注重细节,不断追求完美和极致。还要积极鼓励孩子参加各类技能大赛,通过锻炼不断取得进步。

学在苦中求,艺在勤中练。

95. 如何培养孩子的诚信意识?

答:诚信是人与人的交往中最基本的道德品质,是做人的基本原则。在日常生活中,家长要引导孩子为人诚实、待人诚恳、信守诺言、言行一致,比如:说话做事要诚实,不能见利忘义,更不能欺骗别人;约好的时间要准时到,不要迟到;答应别人的事情要做到。

96. 什么是职业学校学生实习?学生实习包含哪些实习形式?

答:职业学校学生实习是指实施全日制学历教育的中等职业学校和高等职业学校(以下简称职业学校)的学生按照专业培养目标要求和人才培养方案安排,由职业学校安排或者经职业学校批准自行到企(事)业等单位(以下简称实习单位)进行专业技能培养的实践性教育教学活动,包括认识实习、跟岗实习和顶岗

百倍其功,终必有成。

实习等形式。(1) 认识实习,是指学生由职业学校组织到实习单位参观、观摩和体验,形成对实习单位和相关岗位的初步认识的活动。(2) 跟岗实习,是指不具有独立操作能力、不能完全适应实习岗位要求的学生,由职业学校组织到实习单位的相应岗位,在专业人员指导下部分参与实际辅助工作的活动。(3) 顶岗实习,是指初步具备实践岗位独立工作能力的学生,到相应实习岗位,相对独立参与实际工作的活动。

97. 学生如何联系实习单位?学生是否可以自行安排实习单位?

答:职业学校应当选择合法经营、管理规范、实习设备完备、符合安全生产法律法规要求的实习单位安排学生实习。在确定实习单位前,职业学校应进行实地考察评估并形成书

虚心使人进步，骄傲使人落后。

面报告，考察内容应包括单位资质、诚信状况、管理水平、实习岗位性质和内容、工作时间、工作环境、生活环境以及健康保障、安全防护等方面。学生经本人申请、职业学校同意，可以自行选择顶岗实习单位。对自行选择顶岗实习单位的学生，实习单位应安排专门人员指导学生实习，学生所在职业学校要安排实习指导教师跟踪了解实习情况。认识实习、跟岗实习由职业学校安排，学生不得自行选择。自行选择顶岗实习单位的学生应在实习前将实习协议提交所在职业学校，未满18周岁的学生还需要将监护人签字的知情同意书提交所在职业学校。

一寸光阴一寸金,寸金难买寸光阴。

98. 学生在面试前应该做些什么准备?

答:在面试前,学生应学习如何制作简历,如何让自己的简历更简练、清晰,避免由于简历制作得不好而被用人单位拒之门外;同时在面试之前对自身要有一个全面的了解,对应聘的岗位也要进行一定的了解,这样才能在面试中扬长避短,充分发挥自己的才能。

99. 学生的实习材料包括哪些?

答:实习材料包括:(1)实习协议;(2)实习计划;(3)学生实习报告;(4)学生实习考核结果;(5)实习日志;(6)实习检查记录等;(7)实习总结。

跟岗实习和顶岗实习的考核结果应当记入实习学生学业成绩。考核结果分优秀、良好、合格和不合格四个等次。考核合格以上等次的学生获得学分,该学分将被纳入学籍档案。实习考核不合格者,不予毕业。

一年之计在于春,一日之计在于晨。

100. 学生实习期间是否需要购买保险?

答:职业学校和实习单位应根据国家有关规定,为实习学生投保实习责任保险。责任保险范围应覆盖实习活动的全过程,包括学生实习期间遭受意外事故及由于被保险人疏忽或过失导致的学生人身伤亡、被保险人依法应承担的责任以及相关法律费用等。

学生实习责任保险的经费可从职业学校学费中列支,免除学费的可从免学费补助资金中列支,不得向学生另行收取或从学生实习报酬中抵扣。职业学校与实习单位达成协议由实习单位支付投保经费的,实习单位支付的学生实习责任保险费可从实习单位成本(费用)中列支。

有则改之,无则加勉。

101. 什么是三方实习协议？

答：三方实习协议是指学生参加跟岗实习、顶岗实习前,职业学校、实习单位、学生三方所应签订的实习协议。该协议文本由当事方各执一份。

三方实习协议应明确各方的责任、权利和义务,协议约定的内容不得违反相关法律法规,应包括但不限于以下内容:(1) 各方基本信息;(2) 实习的时间、地点、内容、要求与条件保障;(3) 实习期间的食宿和休假安排;(4) 实习期间劳动保护和劳动安全、卫生、职业病危害防护条件;(5) 责任保险与伤亡事故处理办法,对不属于保险赔付范围或者超出保险赔付额度部分的约定责任;(6) 实习考核方式;(7) 违约责任;(8) 其他事项。顶岗实习的实习协议内容还应当包括实习报酬及支付方式。

书山有路勤为径,学海无涯苦作舟。

102. 安排学生实习不得有哪些情形?

答：安排学生实习不得有下列情形：(1) 安排、接收一年级在校学生顶岗实习；(2) 安排未满16周岁的学生跟岗实习、顶岗实习；(3) 安排未成年学生从事《未成年工特殊保护规定》中禁忌从事的劳动；(4) 安排实习的女学生从事《女职工劳动保护特别规定》中禁忌从事的劳动；(5) 安排学生到酒吧、夜总会、歌厅、洗浴中心等营业性娱乐场所实习；(6) 通过中介机构或有偿代理组织、安排和管理学生实习。

103. 学生顶岗实习是否有薪资报酬?

答：接收学生顶岗实习的实习单位应参考本单位相同岗位的报酬标准和顶岗实习学生的工作量、工作强度、工作时间等因素,合理确定顶岗实习报酬,原则上不低于本单位相同岗位试用期工资标准的80%,并按照实习协议约定,以货币形式及时、足额支付给学生。

> 最具挑战性的挑战莫过于提升自我。

104. 毕业生到企业特别是中小企业就业可否在当地落户？

答：按照《国务院办公厅关于做好 2013 年全国普通高等学校毕业生就业工作的通知》《国务院办公厅关于做好 2014 年全国普通高等学校毕业生就业创业工作的通知》文件规定,要简化高校毕业生就业程序,消除其在不同地区、不同类型单位之间流动就业的制度性障碍,切实落实允许包括专科生在内的高校毕业生在就(创)业地办理落户手续的政策(直辖市按有关规定执行)。

省会及以下城市要放开对吸收高校毕业生落户的限制,简化有关手续。应届毕业生凭普通高等学校毕业证书、全国普通高等学校毕业生就业报到证、与用人单位签订的《就业协议书》或劳动(聘用)合同办理落户手续,非应届毕业生凭与用人单位签订的劳动(聘用)

有志者事竟成。

合同和普通高等学校毕业证书办理落户手续。高校毕业生到小型、微型企业就业、自主创业的,其档案可由当地市、县一级的公共就业人才服务机构免费保管。办理高校毕业生档案转递手续,转正定级表、调整改派手续不再作为接收审核档案的必备材料。

105. 毕业生人事档案如何保管?

答:毕业生到具有档案管理权限的机关、事业单位、国有企业就业的,由单位直接接收、管理档案。毕业生到无档案管理权限的单位(私营企业、外资企业等)就业的,可由各地公共就业和人才服务机构负责提供档案管理等人事代理服务。高校毕业生离校时没有就业的,档案可由学校统一发回原户籍所在地公共就业和人才服务机构保管。档案不允许个人保存。

锲而舍之,朽木不折;锲而不舍,金石可镂。

106. 毕业生如何与用人单位订立劳动合同?

答:《中华人民共和国劳动合同法》第七条规定:用人单位自用工之日起即与劳动者建立劳动关系。第十条规定:建立劳动关系,应当订立书面劳动合同。已建立劳动关系,未同时订立书面劳动合同的,应当自用工之日起一个月内订立书面劳动合同。用人单位与劳动者在用工前订立劳动合同的,劳动关系自用工之日起建立。第八条规定:用人单位招用劳动者时,应当如实告知劳动者工作内容、工作条件、工作地点、职业危害、安全生产状况、劳动报酬,以及劳动者要求了解的其他情况;用人单位有权了解劳动者与劳动合同直接相关的基本情况,劳动者应当如实说明。第九条规定,用人单位招用劳动者,不得扣押劳动者的居民身份证和其他证件,不得要求劳动者提供担保或者以其他名义向劳动者收取财物。

精诚所至,金石为开。

107. 毕业生用人单位应该履行哪些社会保险义务?

答:毕业生用人单位应该履行以下社会保险义务:(1)申请办理社会保险登记的义务;(2)申报和缴纳社会保险费的义务;(3)代扣代缴职工社会保险的义务;(4)向职工告知缴纳社会保险费明细的义务。

108. 毕业生自主创业,可以享受哪些优惠政策?

答:按照《国务院关于进一步做好新形势下就业创业工作的意见》《国务院办公厅关于深化高等学校创新创业教育改革的实施意见》等文件规定,高校毕业生自主创业享受的优惠政策主要包括:

(1)税收优惠。简化大学生创业流程,取消《大学生自主创业证》。持人社部门核发的《就业创业证》(注明"毕业年度内自主创业税

路曼曼其修远兮,吾将上下而求索。

收政策")的高校毕业生在毕业年度内(指毕业所在自然年,即 1 月 1 日至 12 月 31 日)创办个体工商户、个人独资企业的,3 年内按每户每年 8000 元为限额依次扣减其当年实际应缴纳的营业税、城市维护建设税、教育费附加和个人所得税。对高校毕业生创办的小型微利企业,按国家规定享受相关税收支持政策。

(2) 创业担保贷款和贴息支持。符合条件的高校毕业生自主创业的,可在创业地按规定申请创业担保贷款,贷款额度为 10 万元。鼓励金融机构参照贷款基础利率,结合风险分担情况,合理确定贷款利率水平。对个人发放的创业担保贷款,在贷款基础利率基础上上浮 3 个百分点以内的,由财政给予贴息。

(3) 免收有关行政事业性收费。毕业 2 年以内的普通高校毕业生从事个体经营(除国家限制的行业外)的,自其在工商部门首次注册登记之日起 3 年内,免收管理类、登记类和证照类等有关行政事业性收费。

(4) 享受培训补贴。对高校毕业生在毕业学年(即从毕业前一年7月1日起的12个月)内参加创业培训的,根据其获得创业培训合格证书或就业、创业情况,按规定给予培训补贴。

(5) 免费创业服务。有创业意愿的高校毕业生,可免费获得公共就业和人才服务机构提供的创业指导服务,包括政策咨询、信息服务、项目开发、风险评估、开业指导、融资服务、跟踪扶持等"一条龙"创业服务。各地在充分发挥各类创业孵化基地作用的基础上,因地制宜建设一批大学生创业孵化基地,并给予相关政策扶持。对基地内大学生创业企业提供培训和指导服务,落实扶持政策,努力提高创业成功率,延长企业存活期。

(6) 取消高校毕业生落户限制,允许高校毕业生在创业地办理落户手续(直辖市按有关规定执行)。

勿以恶小而为之，勿以善小而不为。

109. 怎样申请创业担保贷款？在哪些银行可以申请创业担保贷款？

答：创业担保贷款按照自愿申请、社区推荐、人力资源社会保障部门审查、贷款担保机构审核并承诺担保、商业银行核贷的程序，办理贷款手续。各国有商业银行、股份制商业银行、城市商业银行和城乡信用社都可以开办创业担保贷款业务，各地区根据实际情况确定具体经办银行。在指定的具体经办银行可以办理创业担保贷款。

110. 毕业生如何申请参加职业培训？如何申请职业培训补贴？

答：职业培训由各地人力资源社会保障部门负责组织实施。毕业生可到当地人力资源社会保障部门咨询了解职业培训开展情况，选择适宜的培训项目参加。职业培训工作

> 老吾老，以及人之老；幼吾幼，以及人之幼

主要由政府认定的培训机构、技工院校或企业所属培训机构承担。毕业生毕业年度内参加就业技能培训或创业培训，可按规定向当地人力资源社会保障部门申请职业培训补贴。毕业后按规定进行了失业登记的毕业生参加就业技能培训或创业培训，也可向当地人力资源社会保障部门申请职业培训补贴。按照《财政部、人力资源社会保障部关于进一步加强就业专项资金管理有关问题的通知》等文件规定，申请材料经人力资源社会保障部门审核后，财政部门按规定将补贴资金直接拨付给申请者本人。职业培训补贴申请材料应附培训人员身份证复印件、《就业创业证》复印件、职业资格证书(专项职业能力证书或培训合格证书)复印件、就业或创业证明材料、职业培训机构开具的行政事业性收费票据(或税务发票)等凭证材料。

毕业生参加就业技能培训或创业培训后，培训合格并通过职业技能鉴定取得初级

敏而好学,不耻下问。

以上职业资格证书(未颁布国家职业技能标准的职业应取得专项职业能力证书或创业培训合格证书),6个月内实现就业的,按职业培训补贴标准的100%给予补贴。6个月内没有实现就业,取得初级以上职业资格证书的,按职业培训补贴标准的80%给予补贴;取得专项职业能力证书或创业培训合格证书的,按职业培训补贴标准的60%给予补贴。

111. 什么是"双证融通"?学生如何参加考工?

答: 双证融通就是通过学历证书与职业资格证书这两类证书内涵的衔接与对应,实现学历教育与职业资格培训的融通,实现"一教双证"。职校生可由学校组织或自主向职业技能鉴定所(站)申请职业技能鉴定(又称"考工")。考工要参加理论知识考试和操作技能(专业能力)考核。经鉴定合格者,由人力资源社会保障部门核发相应的职业资格证书。

112. 高技能人才有哪些优惠政策？怎样申请？

答：(1) 优惠政策：① 姑苏高技能人才五年内享受政府薪酬补贴，技能突出人才每人每年补贴1.5万元，技能重点人才每人每年补贴5000元。② 对姑苏高技能人才，推荐省人力资源和社会保障部门对有国家职业资格标准的职业(工种)，按照管理权限认定技师资格；对原具有技师资格且本职业(工种)设有高级技师资格的，推荐省人力资源和社会保障部门按照管理权限认定高级技师资格。③ 姑苏高技能突出人才参照《苏州市高层次人才享受生活待遇暂行办法》享受待遇。

(2) 申请程序：姑苏高技能人才选拔采取自下而上、逐级推荐的办法。

① 推荐申报。姑苏高技能人才人选由各县级市、区及市各有关部门和行业协会等推荐产生，推荐采取个人自荐与组织推荐相结合的办法。候选人名单在用人单位公示一周后，由

千里之行，始于足下。

用人单位报所在地人力资源和社会保障局或市系统(行业)主管部门、协会进行初审汇总。市属企事业单位，中央、省属及外地驻苏单位和其他社会组织及个人直接报苏州市人力资源和社会保障局。

申报人登录姑苏人才计划服务网(www.rcsz.gov.cn)，进入申报页面按要求填写《苏州市姑苏高技能人才申报表》，并附事迹材料和申报人职业资格证书、主要技术成果、获奖证书等证明材料。

② 审查筛选。由苏州市人力资源和社会保障局对推荐人选的相关材料进行审核，筛选产生姑苏高技能突出人才、重点人才候选人。

③ 综合评审。由苏州市高技能人才评审委员会对姑苏高技能人才候选人进行综合评审，并择优提出建议名单。

④ 社会公示。建议名单经苏州市人才工作领导小组办公室主任会议审定同意后，面

向社会进行为期7天的公示。公示无异议的，下发资助通知，公布资助名单；公示有异议的，由苏州市人力资源和社会保障局进行核查并提出处理意见。

113. 学生参加技能竞赛并获奖有哪些奖励政策？

答：中职与本科"3+4"分段培养的学生，在校期间获得国家教育行政部门组织的专业技能大赛二等奖及以上或省技能大赛一等奖，且德育成绩合格，可直接转段升学至本科牵头院校。中高职"3+3""4+2"分段培养的学生在校期间获得国家教育行政部门组织的专业技能大赛三等奖及以上或省技能大赛二等奖及以上，且德育成绩合格，可直接转段升学至专科牵头院校。兼报对口单招的转段学生，如未被转段录取，但符合对口单招奖励政策条件，可在对口单招录取时享受相应奖励政策。

114. 如何帮助学生尽快适应实习和就业岗位？

答：帮助学生尽快适应实习和就业岗位，学校应该做好学生就业引导工作：(1) 加强实习教学，让学生学活专业，突出特长，注重学生学习方法的培养。(2) 加强专业思想、专业理念教育。专业思想是一个人在某一领域或者行业有所成就的思想基础，是职业认同和工作好感的感情基础，是爱岗敬业的思想源泉。专业理念对工作实践具有纲领性、原则性指导意义，是做好某一项工作的理论保障。(3) 加强职业道德教育。职业道德是公民道德的重要组成部分，是职场人际交往和为人处世需遵守的基本准则。(4) 加强技术实践和业务动手能力教育。技术实践和业务动手能力是专业技术人员的核心素质，是岗位适应能力的基础。(5) 加强校园文化与企业文化对接，校园文化与企业文化对接，能促进学生加深对社会发展的理性认识。学生透过企业文化,能完成对职业的认识;通过企业实践,可以直接接触企业以及企业文化,切身体验到企业的竞争压力与职业责任,激发学习专业知识与技能的内在动力。(6)针对不同的专业、不同的地区、不同思想特点的学生及其能力素质水平,采取有针对性的措施和方法,因材施教。

115. 如何看待社会实践?家长如何引导和帮助学生参与社会实践?

答:社会实践教育和学校课堂教育是教育体系的两个基本组成部分。学生参与社会实践是了解社会、认识国情、增长才干、锻炼毅力、培养品格、增强社会责任感的一种重要方式,同时也是成长、成才的重要途径。

分数不能决定一切,立足于社会靠的是能力,而不是文凭。社会实践活动会开阔学生

书籍是人类思想的宝库。

的视野,使他们的目光不再只局限于课桌间。社会实践活动还能锻炼学生与陌生人打交道的能力,使他们适应社会的能力得到增强。家长不仅要督促孩子扎实掌握科学文化知识,还要注意培养孩子的综合素质,培养其对社会、生活的关注及正确的道德价值观、独立研究问题的能力、合作沟通的能力、捕捉和把握问题的能力。具体到社会实践上,如果是低年级的孩子,家长可以带领他们进行一些户外活动,走进大自然,感受家乡的新变化等,让孩子的心情得到调节,开阔孩子的视野;如果是高年级的孩子,家长可鼓励他们参加社会实践活动。总之,社会实践是孩子成长过程中很重要的一部分,每位家长都要转变教育理念,引导孩子多参与社会实践,为孩子营造一个幸福的成长空间。

家庭育人案例

案例一：

如何帮助学生走出自卑心理？

案例叙述

一个在班级里默默无闻的女孩给我发微信，表达了自己的心声，认为自己一无是处，长得很普通，家境也一般，学习和其他方面都没有突出的地方，没有自信，爸爸妈妈也总说自己没有出息，感到活着没有意义。

案例分析

这是一个由自卑心理引发的偶发事件。要针对引发她自卑心理的方面，对症下药，并与她的父母达成共识，共同努力，帮助她逐渐走出自卑的阴影，成为拥有自信阳光心理的学生。

科学如同大海，要求奋不顾身的拼搏。

处理方法

第一招：我及时将学生现在的心理状态告知家长，和家长达成共识；和孩子交流不能用"没出息"等词语，要善于发现孩子身上的优点，能赏识自己的孩子，和孩子交谈要用充满正能量的语言鼓励孩子。并告知家长，孩子身上有很多潜在的优点，要能发现孩子细微的进步，经常和孩子交流，作为家长一定要配合学校教育。可喜的是，学生的家长认识到以往自己教育中的缺陷，表示一定会积极配合学校教育。

第二招：我经常找女孩谈心，让她感受到老师对她的关心，并在潜移默化中走进她的心里，打开她的心扉，倾听她的心声。找到症结所在，方能对症下药。她认为自己的长相不好，那我就要寻找她身上的优势之处。我发现她的头发非常柔顺，在和她交谈的时候，我就摸着她的长发对她说："你看你的头发多漂

> 科学的种子,是为了人民的收获而生长的。

亮啊,又黑又亮,老师一直就想拥有这样一头漂亮的头发。你一定要好好珍惜哦!"听了我这样的评价,小姑娘甜甜地笑了。第二天我发现她的头发上多了一个蝴蝶结,她认识到自己身上的优势,逐步对自己的外表有了信心。

第三招:每个学生都有自己的闪光之处。要抓住学生的强势智能,提供平台让学生的强势智能得到淋漓尽致的发挥,并抓住契机进行表扬引导,让学生渐渐走出认识的误区。这个女孩虽然学习成绩不突出,但是她非常喜欢语文课,作业也写得非常工整认真,每次错题都用红色的笔在旁边认真订正。所以我就抓住她的这个闪光点在同学面前表扬她,不吝赞美之词,还鼓励她参加学校组织的书法大赛。虽然她只获得了优秀奖,但是这些成绩对于这个女孩而言却是莫大的精神力量。

第四招:通过开展主题班会或者集体活动,让这个女孩在其中感受到青春的美好和

道德应当成为科学的指路明灯。

朝气蓬勃,体悟到生命的珍贵,体悟到责任心。我和班级的中坚力量进行协商,让学生们经常和这个女孩接触,并采用语言和行为引导的方式,帮助这个女孩逐渐树立自信心。以前开展班级活动,这个女孩总是一个人默默地坐在角落里。这次运动会前,我事先和班级里几个活跃的女生打好招呼,让她们在活动中一定要拉上这个女孩,并让她负责写稿件。女孩接到这个任务很惊喜。在运动会上,我看到她一直在忙活着,一会写稿件,一会和同学去送稿件,还和同学一起对稿件进行修改,开心得像只被放出围笼的小鸟。听到她的笑声我很开心,我趁机对她说:"你的笑声真好听,以后一定要多笑笑哦!"女孩听到我的话,笑得更甜了。

第五招:我时常将女孩在学校的良好表现反馈给家长,即使只是一点小小的进步我也会开心地和家长分享,让家长也感受到孩子的

> 科学的伟大进步，来源于
> 崭新与大胆的想象力。

努力和进步，并指导家长要对孩子予以赞美，要让孩子感受到自己在父母的眼里已经有了很大的进步，使她感受到来自学校和家庭的双重肯定和关爱。在家长开放日的时候，我特意邀请女孩的家长来参加。我将最佳进步奖项颁发给了这个女孩，还让她的家长和她共同领奖。领奖时，我看到了他们脸上闪耀出来的真正的快乐和荣耀。

现在这个女孩变得开朗了很多，班级活动她总是积极参加，和同学之间的交流也变多了。她的妈妈给我打电话，也惊喜于女儿的变化。不久前我又收到了女孩发来的微信，上面只有两个字："谢谢"。一切尽在这两个字中，特别是当我看到她的微信头像换成了一张漂亮的有着甜甜笑容的照片时，我很欣慰。

专家点评：本案例中，班主任能够从家校共育的角度出发，引导家长在家庭教育中如何与自己的孩子交流，注重细节。令人欣喜的是，

> 科学是永无止境的,它是一个永恒之谜。

在班主任的指导下,家长能够积极配合学校教育,改变自己的教育方式,主动与孩子进行交流,拉近与孩子之间的关系。教育的目标是唤醒学生内心的认同感、价值感和生命感。为了帮助学生重塑信心,班主任巧借各方力量,双管齐下,一方面关注女孩的点滴进步并及时传达给家长,另一方面创造机会引导女孩发挥自己的优势,发现自我价值。这些做法带来的积极效应像一缕缕阳光,照进了女孩封闭自卑的心里,重塑了她的信心,让阳光和笑容永驻在女孩的脸上,更种进了她的心里。

知识不存在的地方，愚昧就自命为科学。

案例二：

如何引导孩子走出"青春期恋情"旋涡？

案例叙述

有学生和我反映，我班班长和体育委员交往过密。刚开始的时候我还有所怀疑，但有一天放学之后，在公交车站看到二人亲密地撑着一把伞，互相往对方嘴里喂着巧克力的时候，不得不相信学生的议论是有根据的。两个人近期的工作热情有所减弱，学习也确实有一些退步。女同学的妈妈已经有所察觉，并且和我表示要采取行动，"棒打鸳鸯"。

案例分析

两个学生都是班级里的优秀学生，是老师的得力助手，平时工作中经常接触合作，互生好感是正常的事情。他们也正处于情感萌

> 科学是实事求是的学问,来不得半点虚假。

动的时期,感情还是相对纯洁的。但是如果不加以正确的引导,会对两个孩子的成长产生不良影响,也会影响班级风气。父母如果不能正确对待孩子的青春期恋情,采取极端的态度和方法来处理,往往会适得其反,不但不能让两位学生从感情旋涡中顺利脱身,可能还会产生许多负面效应。

处理方法

第一招:尊重和理解学生的情感。男女生之间正常交往、互相欣赏、互相关心帮助,对他们的健康成长是很有好处的。两位学生涉世未深,情感中也有许多纯真的在他们看来很宝贵的内容。所以要尊重他们的情感,并对他们报以理解的态度。我在和两位学生接触的过程中,并没有针对他们的行为指责、批评他们,而是像往常一样对待他们,顾及他们的自尊心和情感。

第二招:宽容学生犯下的"美丽错误"。

> 人借助于科学，就可纠正自然界的缺陷

我和这两位学生的家长交流，和他们表明应该如何对待两个孩子的行为。不要认为学生的行为是如何的十恶不赦、伤风败俗。学生正处在情感萌动期，出现这样的情况是很正常的。家长不要觉得如临大敌，要正确对待这件事，宽容学生在青春萌动期犯下的这个"美丽的错误"，并予以正确引导。

第三招：旁敲侧击启发学生自我审视。针对青春期恋情，我策划了一节主题为"在最好的时候遇到最好的你"的班会课，斟酌其中的环节，并让这两位学生在其中担任重要工作，让学生在参与班会课的活动中自我感悟。在班会课上我还有针对性地播放了家长寄语的视频材料。我请这件事情中的男生的妈妈录了一段视频，在视频中家长表达了对孩子的期望，并对孩子的良好表现予以认可，鼓励孩子要珍惜机会奋发向上。看到了家长的视频寄语，学生都有很深的感悟，对自己的行为

> 书籍是培植智慧的工具。

有了深刻反思。

第四招:启发学生认识到自我责任感。通过调查分析,男生在这场恋情中处于主导地位,女生主要是听男生的。要妥善处理这件事情,首先要从男生这里做工作。我选择了一个合适的时机,和男生单独交流,将他的兴趣爱好作为切入点,将他的表现对前途的影响和带来的危害分析给他听,并希望他能为自己负责、为他人负责。我告诉他,将来生活是要有经济基础的,如果连自己都养活不了,又何谈给别人幸福呢,还不如将这份感情放在心里珍藏,将这份感情幻化为前进的动力,先立业,再想其他的也来得及。男生对我的话表示认可,并表示会证明自己是一个有责任感的人。

第五招:创造机会帮助他们恢复自信和威信。根据两位学生的能力,学校组织的大合唱,我交给他们来负责,创造机会让他们展示自己的才华,并号召班级同学为他们加油鼓

> 没有智慧的蛮力是没有什么价值的

劲,帮助两个学生树立自信心。两个学生在大家的信任中果然不辱使命,为班集体捧回了一等奖的奖状。

事后,两个学生在周记里写道:感谢老师对他们的宽容和信任。当事情发生了之后他们甚至想到老师会处分他们,也想过一起逃走,但没想到老师和家长用宽容和信任让他们认识到了自己的错误。他们静下浮躁的心重新审视最近发生的一切,才发现原来自己已经脱离了正途,辜负了家长和老师的期望。现在他俩是"铁哥们儿",一定不会再让老师失望了。

专家点评:每一阶段的学生都有自己的年龄和心理特点,中职生正值青春情感萌动期,男女生之间互生爱慕是很正常的现象。在案例中,班主任能及时阻止女生家长的过激行为,并引导家长用正确的心态对待学生的情感,并巧妙地在班会课中加入了学生家长

> 智慧意味着以最佳的方式追求最高的目标。

的寄语视频,这比单纯的说教更有教育效果。班主任能本着尊重和理解的态度走近学生,没有粗暴干涉,也没有视若洪湖猛兽,采用巧妙暗示、声东击西、旁敲侧击的方式,既顾及了两个学生的自尊心,又促使学生的内心觉醒,最终使学生认识到自我行为的不当,回归正常的成长轨道,处理问题的方法很巧妙。

与智者同行，必得智慧；与愚者做伴，必定无益。

案例三：

孩子在校期间和同学发生矛盾怎么处理？

案例描述

班上的两个同学小龙和小周发生了矛盾。小周回家后告诉了父亲。他父亲大发雷霆，认为小龙欺负了小周，跟班主任联系，向班主任表达了不满，甚至还扬言要找小龙算账。

案例分析

孩子在校期间与同学发生矛盾，是人之常态。在这些年的班主任工作中，我也遇到过各种各样的家长。有的家长一味地袒护自己的孩子，有的家长不问青红皂白就认为是自己孩子的错，当然也有冷静地询问事情经过的家长，还有一些家长就怕自己的孩子对别的孩子造

> 无知会使智慧因缺乏食粮而萎缩。

成了什么伤害,需要赔款……其实,孩子之间发生矛盾是他们成长道路上不可缺少的一笔财富,只要妥善处理,对于孩子的健康成长和情绪管理是大有帮助的。

处理方法

(1) 家长首先要控制好自己的情绪,冷静地了解事情的来龙去脉。家长不要一听到孩子与同学闹矛盾就马上生出"护犊子"的心态,甚至训斥或辱骂孩子的同学,否则会造成家长之间的矛盾,还会让孩子产生"不管怎样,爸爸妈妈都会向着我"的心态,进而滋长孩子唯我独尊、蛮横无理的不良习气,这不利于孩子的健康成长。有的家长听到孩子与他人发生矛盾,就将责任全部归咎于孩子。这种做法也是不恰当的,会使孩子蒙受委屈,对家长缺乏信任感,从而对家长失望。家长应该心平气和地向孩子了解事情的真相,再向老师和同学多方了解,从而也可以培养孩子诚信的好品质。切记：不可批评一方而偏袒另一方。

(2)分析事情的根源，探究解决问题的方法。待事情真相大白之后，家长要和孩子一起分析事情发生的根源。在找到事情的根源之后，家长不要急于发表自己的观点，而应该让孩子想想应该怎么办，从而锻炼孩子分析问题、解决问题的能力。当然对于解决问题能力有限的孩子，家长应当有针对性地进行指导，教会他们正确的人生观和是非观。同时家长也应当本着善良真诚的态度，培养孩子的包容心。

(3)家长在日常生活中应该给予孩子一个良好的示范。对于孩子而言，家长的行事方式过于简单粗暴，很容易让其性格产生"异变"。因为他眼中所见尽是家长用粗暴手段解决和对待问题，他无法得到良好的引导和示范，所以当面临问题时，自然首先想到的就是以暴力方式去解决。

> 良好的人生是受行动和智慧指导的。

(4) 家长作为孩子成长的导师,在孩子与他人发生矛盾,不知道如何处理的时候,也可以请教老师,但是不要完全依赖老师而不闻不问,否则会失去一个教育孩子的良好的机会。

专家点评:本案例呈现了当孩子之间发生矛盾时建议家长采取的较好的处理方法。案例中的方法不仅能够让矛盾得以和平解决,还能够让家长以一个宽容、睿智、善良的形象给孩子树立好的榜样。

> 与智慧相伴的是真理,智慧只存在于真理中。

案例四:

怎样引导孩子合理使用手机?

案例描述

小强今年16岁,职高一年级学生。他从小很听话,成绩也还好,老师对他的评价不错。但自从父母给他买了手机后,就像变了一个人:放学回到家就玩手机,和爸爸妈妈之间没有任何交流,视力越来越差,晚上经常晚睡,第二天早上起不来,上学多次迟到。爸爸妈妈因此下了最后通牒:规定小强每天回到家只能花一个小时玩手机,超过时间就要没收手机。但小强每次玩着玩着就超过时间了。爸爸妈妈多次提醒,他都不听,还不耐烦地嫌爸爸妈妈啰唆烦人。妈妈要强制收回手机,小强还出言不逊:"滚一边去!"在小强的家里,像这样因为小强玩手机而发生冲突的场景每天都会上

> 由智慧所养成的习惯能成为第二本性。

演。小强的爸爸妈妈感觉心力交瘁。

案例分析

小强身上出现的问题有：(1) 沉迷于手机，缺乏自制力，没有时间观念。这个年龄阶段的孩子自控力弱，容易受手机的诱惑。(2) 顶嘴抵触，不尊重父母。小强这样对自己的父母动不动就说"滚"，应该不是第一次。虽说像小强这个年龄的孩子正处于青春叛逆期，情绪不稳定，容易跟父母发生冲突很正常，但应该有底线：必须尊重父母。

处理方法

（1）首先家长和孩子要心平气和地商量有关手机使用的时间。家长要把怕孩子玩手机而影响视力、影响学习的担忧告诉孩子，晓之以理，动之以情，寻求孩子对父母限制自己使用手机的理解。双方在达成一致的基础上共同制定手机使用规定，并严格按协议执行。

（2）孩子自制力不强，因此家长一开始

书籍乃世人积累智慧之长明灯。

要及时提醒督促孩子到时间就要放下手机。提醒孩子正确的方法是：如规定每天玩一小时,50分钟左右就提醒,55分钟时给孩子倒计时,到了1小时,立刻让孩子停止玩手机,超过一分钟都不行。如果孩子出言不逊,一定不要害怕冲突,在冲突中解决问题能促进他成长。因为有约在先,家长占着理。孩子如果耍赖,家长要坚持自己的原则,不能让步,但没必要一味训斥孩子。孩子实在不按规定执行,尽量不要和他发生正面冲突,可以采用切断家里的网络、控制话费等方式平静地解决问题,从而让孩子主动来找你协商。

（3）长期待在虚拟世界里,必将阻碍一个孩子在现实生活中的人际交往。作为家长,除了硬性规定玩手机的时间外,还应该多花一点时间和孩子交流,多带孩子进行户外活动,减轻孩子对手机的依赖。家长要以身作则,在孩面前尽量不要玩手机,做一个严格自律的家长。

> 自信就是成功的第一秘诀。

孩子耳濡目染,肯定会受到影响,心思就不会花在手机上。

(4) 对于孩子不尊重父母,家长可以和孩子开诚布公地谈谈,轻言细语地问问孩子为什么要骂父母。父母可以这样对孩子说:"我知道你是个好孩子,是个孝敬父母的孩子,可能骂父母只是一时冲动。也许爸爸妈妈有做错的地方,你要学会正确地表达,不能再次出现不尊重父母的言语。尊重父母是一个人素质的体现。"记住,在和孩子谈时,要给孩子充分说话的机会,抱着帮助他而不是训斥他的心态来交谈,也许孩子会跟你说心里话。孩子的行为、言语都是和家庭习惯有关联的。

这个年龄段的孩子都容易被网络诱惑。家长对此要注意观察,注意引导,妥善解决问题。

骄傲自大是成功的流沙

案例五：

如何正确引导孩子与异性交往？

案例描述

小周今年17岁，职高一年级学生。初三的时候她就和班里的一个男孩谈恋爱，当时他的父母知道后就耐心地对她进行了劝阻，希望她好好读书，不要早恋。小周当时答应下来。可是最近她的父母无意中发现她还在和这个男孩保持联系，特别生气，就打电话给男孩，要求他和自己女儿马上划清界限，保持距离。小周知道后，非常生气，找父母兴师问罪，却遭到父母的责骂，一气之下，离家出走了两天。现在小周虽然已经回家，但和家长的关系降到冰点，学习成绩也一落千丈。

案例分析

中学阶段是孩子学习的关键时期，也是

> 骄傲使人落后,谦虚使人进步。

身体发育、心理发育的加速期。孩子喜欢异性,说明孩子心理及身体发育正常。作为家长,我们总是希望孩子把心思用在学习上,不希望孩子因为早恋而误了学习,但孩子如果有心事,无法得到父母的倾听和理解,就会转向一个能够理解自己的异性"寻求理解和温暖"。

小周的父母去找男孩兴师问罪,伤害了小周的自尊心,她会更加觉得父母不可理喻,更加强烈地感受到没有办法和父母交流、沟通。小周也会因为对男孩感到愧疚,越发怨恨父母。这样一来,父母看似是在保护女儿,实则是更加伤了女儿的心,只会把女儿越推越远。

小周的父母一开始要求小周和男孩划清界限,她也答应了,理智上她认同也尊重了父母,但是情感上她没做到。对此,父母要了解原因,一味地阻止对于这个年龄段的孩

成功是战胜艰难险阻的奋斗结晶。

子反而会适得其反。如果父母爱孩子,就应尝试理解孩子的想法,尊重孩子的选择,用平等的身份和孩子沟通。如果家里有真正能包容他、爱护他、尊重他的父母,孩子的情感就会"回家"。

处理方法

(1) 家长没必要视早恋为洪水猛兽。早恋是青春期发展中的一个产物,家长应该以平常心来看待这个问题。疏导是最好的方法,开诚布公地好好跟孩子谈谈,了解她对谈恋爱的看法,并给出适当的引导。千万不能激起孩子的逆反心理。

(2) 家长要给孩子一个健康的家庭环境,既不漠视她,也不溺爱她,多提供交流和沟通的机会。

(3) 家长要让孩子明白,恋爱不仅仅是一种精神上的享受,更是一种责任和义务。要让孩子意识到,自己正在成长,已经脱离了小孩

> 奋斗是万物之父。

子的阶段,但是还没有完全成长为独立的大人,没有相应的能力和条件,无法承担相应的责任,这样的感情对双方都是不利的。

(4) 家长要与孩子一起制定交往规则,提醒孩子自尊、自爱、自律。必要时给予孩子生理卫生指导,让她知道怎么保护自己。

失败乃成功之母。

案例六：

孩子在校发生突发事故应如何应对？

案例描述

小张是某中职学校的一名学生,性格活泼开朗,平时做事情比较随心所欲,老师提醒后也是一副无所谓的态度,反而认为是老师小题大做。

本学期,在参加学校组织的车工实习时,小张由于未按照老师课前安全教育的要求佩戴防护眼镜,导致眼睛被车床上溅起的铁屑击中。当时小张觉得眼睛疼痛难忍。实习老师知悉此事后,第一时间将小张送到医院的眼科进行治疗,并通知家长,让其尽快赶往医院。

医生诊断的结果为小张眼角膜损伤,只要合理用药,注意休养,能够很快恢复正常,不会对视力造成影响。同时,医生也指出,这

> 不以规矩,不能成方圆。

次意外属于侥幸,如果稍有偏差,后果可能很严重。

处理方法

听到孩子在学校受伤,家长一定焦虑万分,对学校也会有所抱怨。但是,作为家长,一定要保持冷静,控制自己的情绪,配合学校做好相应的处置工作。

(1)家长要及时了解孩子的受伤害情况,让孩子在第一时间就医治疗,因为孩子的健康和生命才是第一位的。现在学校一般会为孩子办理相关的保险,所以,家长在就医时一定要保存好相关的发票和诊断证明,以便事后进行索赔。

(2)家长应进一步向老师了解事故经过。因为发生事故的原因是多方面的,所以家长一定要听取各方面的意见,不能偏听孩子的一面之词。家长可以主动了解相关的法律或者学校的相关规定,明确学校应该承担的教育

明日复明日,明日何其多?

和监管责任,在此基础上提出相应的合理要求。

(3) 家长一定要设法稳定孩子的情绪,鼓励他勇敢地面对这场突发的危机。在人的一生中总会遇到一些磨难和坎坷,鼓起勇气面对也是一种人生的历练,有利于孩子的成长。

(4) 安全教育,不仅是学校的责任,也应该受到家长的重视。在生活中发现孩子的一些不良习性,家长应及时加以引导和规劝。平时也要给孩子做好榜样,从小培养孩子的安全意识。

案例反思

孩子在校参加各项活动或者进行实习锻炼的过程中发生突发事故是大家都不希望看到的。在这次事件中,学校已经基本上尽到了责任:学校提前为学生购买了相关保险,在上车床操作前进行过充分的安全教育,事故发生以后能及时处理、及时沟通。但是,事故的发

> 温故而知新,可以为师矣。

生一定有其真正的根源,而且不是每次事故都会如此幸运。所以,家长和学校都应该提高警惕,防患于未然。

家长最了解自己孩子的秉性,如果能及时和老师沟通,就可以使老师有所防备,在实习时能对孩子有更多的关照,并更加留心孩子的动向。同时,作为班主任或者实习指导老师,也应该花更多的时间去了解学生的特点,要有一种发现潜在隐患的敏感性。

只有在家庭和学校形成合力的前提下,学生在学校的学习生活才能获得更加全面而有效的保障。

天行健,君子以自强不息。

案例七:

孩子在校期间和同学发生矛盾应该怎么处理?

案例描述

小陈是一个沉默内向的中职生,平时不怎么爱和老师交流,在同学中也鲜有知心的朋友。独来独往的他内心其实是渴望友情的。他希望得到同学的尊重,得到老师的关注。但是他缺乏主动性,不愿迈出那关键的一步。

一天,他回宿舍后发觉室友都用异样的眼光看他。后来他才从侧面了解到,原来是有一位同学的手机丢了,大家猜疑是他拿的。得知消息后,他想找那位同学理论,但又不知道怎么证明自己,怕自己不会讲话,反而越描越黑。这件事给他造成了很大的精神负担。

第二天,课间他上厕所后回教室,又听到

> 有知识的人不实践,等于一只蜜蜂不酿蜜。

有同学在议论这件事。他终于没有忍住心头的怒火,冲过去给了那位同学一拳。于是两人就扭打起来,后来被其他同学拉开。虽然没有造成严重的后果,但是两位同学都有不同程度的擦伤。

班主任在了解了整件事的经过后决定联系小陈的家长,让他们参与到孩子的教育中。

处理方法

孩子进入高中后,个人的心智渐趋于成熟,都渴望成为独立自主的个体,再加上或多或少有一些叛逆,容易和同学因为不同的观点而发生摩擦。

作为家长一定要经常观察孩子回家以后有没有不同于平常的不良情绪,及时了解他在学校遇到的不愉快的事情。

如果孩子不愿意向大人吐露心声,一方面可能是因为怕家长知道后"唠叨",另一方面可能是因为不想让家长操心。现在的孩子

> 理论是军官,实践是士兵

中独生子女居多,没有可以进行倾诉和交流的兄弟姐妹,只能将在学校遇到的不愉快的事情藏在心里,长此以往就会出现不好的心理状态,甚至会引发各种心理疾病。

当然,作为家长,当遇到孩子不愿意倾诉心中的忧愁时,至少要反省一下平时对孩子的教育方式。更重要的是要及时和学校老师进行沟通,想办法从侧面了解孩子在校的表现,或者让老师帮忙打听孩子在学校的遭遇,了解其中的是非曲直,这样才能对症下药。

家长要试着让孩子感受到人与人之间的情感联系,强调同学情谊对人生的意义,并鼓励孩子用一颗宽容大度的心去面对同学之间的不同见解,从而化解矛盾,化"敌"为友。当然,如果确实错在对方,而且对方也不知悔改,那就本着"道不同不相为谋"的原则,与他保持距离为好。

良好的开端,等于成功的一半。

案例反思

每位学生都是一个独立的个体,他们的性格是多方面的因素共同作用的结果。所以,家长和老师如何站在学生的角度,尽早发觉他们的心事并加以疏导,在目前的职高教育中显得尤为重要。所谓"知子莫若父""知女莫若母"。身为父母,应该关注孩子的言行和情绪的变化,如果想不出好的方法,就要及时和孩子的班主任取得联系,寻求指导和帮助。而作为老师,有着更为充足的实践经验和理论知识,也应该更为主动地通过各种途径了解个别学生的心理隐患,无论是通过正面的谈话,还是通过旁敲侧击的方式,或者通过周边同学的反馈,都可以获得一些线索。

家校双方要形成合力,共同关注孩子的心理健康,呵护他们那颗多愁善感的心,不让他们受到伤害,让他们青涩的青春不被蒙上忧郁的尘埃。

教育心得

教育心得

教育心得

教 育 心 得